圖書在版編目（CIP）數據

馬哥孛羅游記導言．上 / 張星烺譯．-- 北京 : 文物出版社，2022.7
（海上絲綢之路基本文獻叢書）
ISBN 978-7-5010-7672-7

Ⅰ．①馬… Ⅱ．①張… Ⅲ．①游記－世界－中世紀 Ⅳ．① K919.2

中國版本圖書館 CIP 數據核字（2022）第 086669 號

海上絲綢之路基本文獻叢書

馬哥孛羅游記導言（上）

譯　　者：張星烺
策　　劃：盛世博閱（北京）文化有限責任公司

封面設計：鞏榮彪
責任編輯：劉永海
責任印製：蘇　林

出版發行：文物出版社
社　　址：北京市東城區東直門內北小街 2 號樓
郵　　編：100007
網　　址：http://www.wenwu.com
經　　銷：新華書店
印　　刷：北京旺都印務有限公司
開　　本：787mm×1092mm　1/16
印　　張：14.375
版　　次：2022 年 7 月第 1 版
印　　次：2022 年 7 月第 1 次印刷
書　　號：ISBN 978-7-5010-7672-7
定　　價：98.00 圓

海上絲綢之路基本文獻叢書

馬哥孛羅游記導言（上）

張星烺 譯

文物出版社

總緒

海上絲綢之路，一般意義上是指從秦漢至鴉片戰争前中國與世界進行政治、經濟、文化交流的海上通道，主要分爲經由黄海、東海的海路最終抵達日本列島及朝鮮半島的東海航綫和以徐聞、合浦、廣州、泉州爲起點通往東南亞及印度洋地區的南海航綫。

在中國古代文獻中，最早、最詳細記載『海上絲綢之路』航綫的是東漢班固的《漢書·地理志》，詳細記載了西漢黄門譯長率領應募者入海『齎黄金雜繒而往』之事，書中所出現的地理記載與東南亞地區相關，并與實際的地理狀况基本相符。

東漢後，中國進入魏晉南北朝長達三百多年的分裂割據時期，絲路上的交往也走向低谷。這一時期的絲路交往，以法顯的西行最爲著名。法顯作爲從陸路西行到印度，再由海路回國的第一人，根據親身經歷所寫的《佛國記》（又稱《法顯傳》）一書，詳細介紹了古代中亞和印度、巴基斯坦、斯里蘭卡等地的歷史及風土人情，是瞭解和研究海陸絲綢之路的珍貴歷史資料。

隨着隋唐的統一，中國經濟重心的南移，中國與西方交通以海路爲主，海上絲綢之路進入大發展時期。廣州成爲唐朝最大的海外貿易中心，朝廷設立市舶司，專門管理海外貿易。唐代著名的地理學家賈耽（七三〇～八〇五年）的《皇華四達記》記載了從廣州通往阿拉伯地區的海上交通『廣州通夷道』，詳述了從廣州港出發，經越南、馬來半島、蘇門答臘半島至印度、錫蘭，直至波斯灣沿岸各國的航綫及沿途地區的方位、名稱、島礁、山川、民俗等。譯經大師義净西行求法，將沿途見聞寫成著作《大唐西域求法高僧傳》，詳細記載了海上絲綢之路的發展變化，是我們瞭解絲綢之路不可多得的第一手資料。

宋代的造船技術和航海技術顯著提高，指南針廣泛應用於航海，中國商船的遠航能力大大提升。北宋徐兢的《宣和奉使高麗圖經》詳細記述了船舶製造、海洋地理和往來航綫，是研究宋代海外交通史、中朝友好關係史、中朝經濟文化交流史的重要文獻。南宋趙汝適《諸蕃志》記載，南海有五十三個國家和地區與南宋通商貿易，形成了通往日本、高麗、東南亞、印度、波斯、阿拉伯等地的『海上絲綢之路』。宋代爲了加强商貿往來，於北宋神宗元豐三年（一〇八〇年）頒佈了中國歷史上第一部海洋貿易管理條例《廣州市舶條法》，并稱爲宋代貿易管理的制度範本。

元朝在經濟上採用重商主義政策，鼓勵海外貿易，中國與歐洲的聯繫與交往非常頻繁，其中馬可·波羅、伊本·白圖泰等歐洲旅行家來到中國，留下了大量的旅行記，記録元代海上絲綢之路的盛況。元代的汪大淵兩次出海，撰寫出《島夷志略》一書，記録了二百多個國名和地名，其中不少首次見於中國著録，涉及的地理範圍東至菲律賓群島，西至非洲。這些都反映了元朝時中西經濟文化交流的豐富内容。

明、清政府先後多次實施海禁政策，海上絲綢之路的貿易逐漸衰落。但是從明永樂三年至明宣德八年的二十八年裏，鄭和率船隊七下西洋，先後到達的國家多達三十多個，在進行經貿交流的同時，也極大地促進了中外文化的交流，這些都詳見於《西洋蕃國志》《星槎勝覽》《瀛涯勝覽》等典籍中。

關於海上絲綢之路的文獻記述，除上述官員、學者、求法或傳教高僧以及旅行者的著作外，自《漢書》之後，歷代正史大都列有《地理志》《四夷傳》《西域傳》《外國傳》《蠻夷傳》《屬國傳》等篇章，加上唐宋以來衆多的典制類文獻、地方史志文獻，集中反映了歷代王朝對於周邊部族、政權以及西方世界的認識，都是關於海上絲綢之路的原始史料性文獻。

海上絲綢之路概念的形成，經歷了一個演變的過程。十九世紀七十年代德國地理學家費迪南·馮·李希霍芬（Ferdinad Von Richthofen，一八三三～一九〇五），在其《中國：親身旅行和研究成果》第三卷中首次把輸出中國絲綢的東西陸路稱爲『絲綢之路』。有『歐洲漢學泰斗』之稱的法國漢學家沙畹（Édouard Chavannes，一八六五～一九一八），在其一九〇三年著作的《西突厥史料》中提出『絲路有海陸兩道』，蘊涵了海上絲綢之路最初提法。迄今發現最早正式提出『海上絲綢之路』一詞的是日本考古學家三杉隆敏，他在一九六七年出版《中國瓷器之旅：探索海上的絲綢之路》中首次使用『海上絲綢之路』一詞；一九七九年三杉隆敏又出版了《海上絲綢之路》一書，其立意和出發點局限在東西方之間的陶瓷貿易與交流史。

二十世紀八十年代以來，在海外交通史研究中，『海上絲綢之路』一詞逐漸成爲中外學術界廣泛接受的概念。根據姚楠等人研究，饒宗頤先生是華人中最早提出『海上絲綢之路』的人，他的《海道之絲路與昆侖舶》正式提出『海上絲路』的稱謂。選堂先生評價海上絲綢之路是外交、貿易和文化交流作用的通道。此後，大陸學者馮蔚然在一九七八年編寫的《航運史話》中，使用『海上絲綢之路』一詞，這是迄今學界查到的中國大陸最早使用『海上絲綢之路』的人，更多地限於航海活動領域的考察。一九八〇年北京大學陳炎教授提出『海上絲綢之路』研究，并於一九八一年發表《略論海上絲綢之路》一文。他對海上絲綢之路的理解超越以往，且帶有濃厚的愛國主義思想。陳炎教授之後，從事研究海上絲綢之路的學者越來越多，尤其沿海港口城市向聯合國申請海上絲綢之路非物質文化遺産活動，將海上絲綢之路研究推向新高潮。另外，國家把建設『絲綢之路經濟帶』和『二十一世紀海上絲綢之路』作爲對外發展方針，將這一學術課題提升爲國家願景的高度，使海上絲綢之路形成超越學術進入政經層面的熱潮。

與海上絲綢之路學的萬千氣象相對應，海上絲綢之路文獻的整理工作仍顯滯後，遠遠跟不上突飛猛進的研究進展。二〇一八年厦門大學、中山大學等單位聯合發起『海上絲綢之路文獻集成』專案，尚在醖釀當中。我們不揣淺陋，深入調查，廣泛搜集，將有關海上絲綢之路的原始史料文獻和研究文獻，分爲風俗物産、雜史筆記、海防海事、典章檔案等六個類別，彙編成《海上絲綢之路歷史文化叢書》，於二〇二〇年影印出版。此輯面市以來，深受各大圖書館及相關研究者好評。爲讓更多的讀者親近古籍文獻，我們遴選出前編中的菁華，彙編成《海上絲綢之路基本文獻叢書》，以單行本影印出版，以饗讀者，以期爲讀者展現出一幅幅中外經濟文化交流的精美畫卷，爲海上絲綢之路的研究提供歷史借鑒，爲『二十一世紀海上絲綢之路』倡議構想的實踐做好歷史的詮釋和注脚，從而達到『以史爲鑒』『古爲今用』的目的。

凡例

一、本編注重史料的珍稀性，從《海上絲綢之路歷史文化叢書》中遴選出菁華，擬出版百册單行本。

二、本編所選之文獻，其編纂的年代下限至一九四九年。

三、本編排序無嚴格定式，所選之文獻篇幅以二百餘頁爲宜，以便讀者閱讀使用。

四、本編所選文獻，每種前皆注明版本、著者。

五、本編文獻皆爲影印，原始文本掃描之後經過修復處理，仍存原式，少數文獻由於原始底本欠佳，略有模糊之處，不影響閱讀使用。

六、本編原始底本非一時一地之出版物，原書裝幀、開本多有不同，本書彙編之後，統一爲十六開右翻本。

目録

馬哥孛羅游記導言（上）

馬哥孛羅游記導言（上）

序至第六章

張星烺　譯

民國十三年中國地學會鉛印本

受書堂叢書第一種

馬哥孛羅遊記導言

陳垣題

「父兮生我　母兮鞠我
拊我畜我　長我育我
顧我復我　出入腹我
欲報之德　昊天罔極」
此書不滅　此恩不忘

民國十三年八月三十日，烺識。

馬哥孛羅遊記導言序

柳詒徵

馮哥孛羅遊記各國皆有譯本，獨吾國無之。民國二年，杭縣魏易始出馬斯登本，自謂擇精去冗，爲其籖注之語，多淺俚可笑。如卷二第十二章，紀元旦佳節，述上下人叩首及地者凡四次。魏氏注云，『此書各家藏本，均言四次叩首。但中國舊制必三跪九叩首，詎元制與明清均不同耶。』第廿七章，紀普利桑乾河及河上之石橋。述橋長三百步，寬八步，可容十騎並馳。魏氏注云，『十騎並馳，至少當在三丈以上。故疑此間之所謂步者，幾何學中之步耳。若準此以言，則橋之長，當在一百三十丈左右。譯者生平未履此橋，不敢臆斷。』是皆囈說也。不讀中國典籍，不知中國制度之沿革，地方之名勝。粗識蟹行書，卽奮筆繙譯，哆口議論，鮮不貽見橐駝言馬腫背之誚矣。當時予客京師，甫識張子亮塵。以亮塵究中心外歷史地理，嘗舉以告之。亮塵因歎曰，馬哥孛羅遊記固不易譯，然西人之註釋是記者，無慮十許種。魏氏苟取而讀之，卽令目不窺中國史乘方志，亦不至逞臆武斷若是。甚矣吾國人之不學也！無中西書，皆不樂熟讀博考，惟憑耳目所及一二小册，苟且涉獵，以駴庸俗耳。予叩亮塵以諸家之注。亮塵發篋示以所譯亨利玉爾注本，戢戢十數册。謂從事譯述數年，尚未卒業，予受而讀之，則是記所載蒙古及各國世系，事跡，制度，風俗，宗教，文字，器用，物產，山川，道里，靡不詳搜廣證，原原本本。徵引吾國史傳，地志，碑板，文牘，尤夥。蓄晳種之通儒，其殫心考據，往往不下於吾國乾嘉老宿也。予亟慫恿亮塵專譯此注，以餉學者。亮塵喟然曰，吾國人不學，既已成爲風氣。雖有學者，亦不能以有成。是書不下百數十萬言，非有巨貲，不能雕印。吾嘗問之書肆。書肆多不樂承售。以世所嗜讀者，率俚言小册。書鉅值昂，即鮮過問。孰願擲巨金，以成吾志。予聞而嗒然不敢申勸。亮塵竟其業，然私冀其書之竟成，則寤寐未嘗去懷也。當印刷術未興時，吾國學者所讀書，罔非手錄。唐書稱柳公郢于九經三史皆嘗一再鈔。其不憚勞其身力，窮年累月，以植于學如是。至于漢魏之刻石經，後唐之刻監本九經，宋代之刻藏經，又皆以國家之力，成鉅工，刊大部，以惠學者。今世號爲開明，民智之進，軼古萬里，而卷册繁重之書，至無人購讀，無人承印，因之無人譯述，舉國之人，日顛倒于短篇小說，空疏政論，或蕪淺穀亂之雜誌。而中國人之學術，乃至較歐美日本相去霄壤，豈吾民根性然歟？抑倡導社會者之過也。吾國史書，最爲繁博。獨元史號荷簡。以其成書太易，參稽未廣也。然有清道咸以來，治元史者，顧盛於他史。濫觴於魏默深何願船諸先生。至李若農文芸閣沈乙盦洪文卿屠敬山諸公，而益孟進。求之秘史斠之蒙文證之石刻，董之譯籍，印之遊記，鈎之永樂大典集之以多桑拉施特諸鴻著。於是蒙古一代疆域藩封，武功治迹，湮沒不彰者，燦然復如指掌。近世柯鳳孫氏遂有新元史之編，與宋歐陽之新唐書新五代史頡頏。正史廿四之數，復增其一。蓋中外交通，學術之慾亦進，其得史料，易于昔之閉關之日什伯。著書之有待於運會如此。然而馬哥孛羅之遊記僅僅有一魏氏譯本。亨利玉爾之注，則亮塵躊躇審顧十餘年而不克竟譯。視西人之研究大唐西域記，慈恩法師傳，轉遜其勇者何也。夫玄奘之於印度特與英爲間接之關繫，馬哥孛羅之於蒙古則與吾人直接之關繫也。英人於其間接者，求之切，信之篤，譯之勇。吾人於其直接者，顧不之力可乎。幸而亮塵于舉世不爲之事，獨任其難。十年以來，鍥而不舍，雖患肺病，轉地養痾，猶矻矻從事迻譯。十二年夏，先以其導言箸之地學雜志，分期印行。海內學者，睹此導言，雖未讀玉爾氏之全註，已不啻提要鈎玄於馬哥孛羅之歷史，及其著述之源流，包舉靡遺矣。玉爾氏博貫羣書，然以他國人讀吾國史書，究未能燭照數計，無微不至。亮塵既時時爲之補苴罅漏，又自爲中國史書上之馬哥孛羅一章，及元代西北三藩源流略記，於是此書之詳備，乃較原書爲過之。昔李壬叔譯幾何原本，匡補原書，多所斠正，偉烈亞力謂異日西士欲求是書善本，當反訪諸中國，然李氏僅是正其訛敚，未能別有發明。若亮塵之於玉爾氏之書，洵可當偉烈亞力之語矣。亮塵嘗學化學於歐美，固今世所謂科學家。其於歷史地理，未嘗受異域之傳也。然以其稟承曾甫蔚西先生家學，耳濡目染，輒有偏至。其於中西交通史迹，自馬哥孛羅遊記外，如依賓拔都他及鄂多力克尼哥羅康梯諸氏遊歷記述之書，皆嘗紬繹而熟復之。又以其暇，編輯關於中國東亞之古遊記，爲受書堂叢書。稽其所關史地界領域，乃遠駕魏何李文沈洪屠諸先生而上之。若魏易之淺俚不學，直不可同年而語矣。嗚呼！世人局於隅曲，墨守一先生之言，曾不知擴眼以觀世界，即號稱開明之士，挾策走絕域，以蘄讀未見書。比歸而以所學弋官祿。叩其心得若何，則無論其於所治專科之外，靡所曉，即其所謂專科者，亦不過師以此傳，弟以此學。姝姝暖暖，老死不能出其學校所讀所治範圍之一步。寧知豪傑之士，固非學校科目文憑，所能囿哉。余讀亮塵之書最早，冀其書之行世，可以藥石聾俗也。故樂爲敘其緣起云。

明憲宗成化十三年德國牛恩堡市刊印德文譯本馬哥孛羅遊記之書面及題辭

首行

Das ist der edel Ritter. Marcho polo von

右行

Venedig der Grost landftfarer. der uns beschreibt die grossen wunder der welt

下行

die er selber gesehenn hat. Von dem aufgang

左行

pis Zu dem nydergag der sunne. der gleyche vor nicht meer gehort seyn.

此乃威尼斯大遊歷家馬哥孛羅貴人之像，彼曾將日出處以至日落處之世界奇事，爲彼所親見者，記錄於書，以遺吾輩，書中所言，皆以前所未聞者也。

（意大利羅馬市所藏馬哥孛羅繪像之二）

〈孛羅氏還家被拒圖〉

孛羅氏等三人離故鄉二十六年復歸故邸其親戚廕居邸內者不識其人拒之入內與令人有『兒童相見不相識笑問客從何處來』之感焉

漢譯馬哥孛羅遊記自序

張星烺

西歷一千九百十年時，當余留學德國栢林之際，嘗有栢林高等商業學校學生德人博沙德（Bochard）者與余爲友。一日博君就余訪問中國載籍有無畢昇發明活字版之記錄，彼欲購求其書作一畢業論文云。余一時不知有何書，特寄函中國問之吾父。吾父素嗜歷史地理之學者，函答云：『宋沈括夢溪筆談中有之，家中藏有該書明代刻版，願與博君交換測高儀器一具也。』余告之博，博首肯。余再函家中，請將書寄德。交於博君之際，博君與余談及古代中西交通之事，謂『活字版之發明，或起始於中國，中古時代歐洲遊歷家如馬哥孛羅等歸自中國，傳播其術於歐人也。』余昔乃專學化學者，孛羅遊記一書，少時嘗耳聞其名，而未得讀其書。至是聞博君之言，急欲一讀。因問其有此書否？博君答云可向皇家圖書館借閱之。彼願爲吾代借。問余欲德文本或英文本。余當時閱英文較閱德文爲便捷，故請英文本。翌日博君爲余代借英國亨利玉爾所註孛羅遊記，爲世界各種文字中最佳之本。余閱後，覺異常有興味。

還博君後，因自購一部，置之座右，每覺悶時，卽取是書讀之。久而書中內容，余全知之。因發願譯成漢文，介紹是書於漢土之歷史地理家。懷此志者，蓋已十餘年矣。今之所譯，雖尚未竟全功，然亦足以稍紓余之素懷也。

西人治世界史者，輒分之爲上古中古近世三期。而近世史起於哥倫布發明美洲。詳按哥倫布紀行，(Journal of christopher columbus, trans by C. Markham 又本書卷一第四十章附註) 哥倫布所以發願遠航、立志數十年而不渝，冒死重洋而不惜者，實馬哥孛羅遊記宣揚鋪飾之功，有以引誘之也。哥倫布之遠航初志，實欲來至東方中國傳播基督教，採取黃金香料，不期而抵美洲而已。哥倫布之大發明，可謂爲人類有史以來最要之事績，掃除自古向傳之迷信天圓地方及洋海上之謬說，啟以後西班牙葡萄牙等國人探覓新地之勇氣，引起近代歷史上之奇變。英國馬克哈姆(Markham) 謂：『哥倫布紀行不獨爲地理學發明史上最要之公牘，遺留於後世者，而實亦爲人類史上最要之公牘，蓋將全歷史之面目使改觀也。』(見Markham,

圖書在版編目（CIP）數據

馬哥孛羅游記導言．上 / 張星烺譯． -- 北京 ：文物出版社， 2022.7
（海上絲綢之路基本文獻叢書）
ISBN 978-7-5010-7672-7

Ⅰ．①馬… Ⅱ．①張… Ⅲ．①游記－世界－中世紀 Ⅳ．① K919.2

中國版本圖書館 CIP 數據核字（2022）第 086669 號

海上絲綢之路基本文獻叢書
馬哥孛羅游記導言（上）

譯　　者：張星烺
策　　劃：盛世博閱（北京）文化有限責任公司

封面設計：鞏榮彪
責任編輯：劉永海
責任印製：蘇　林

出版發行：文物出版社
社　　址：北京市東城區東直門内北小街 2 號樓
郵　　編：100007
網　　址：http://www.wenwu.com
經　　銷：新華書店
印　　刷：北京旺都印務有限公司
開　　本：787mm×1092mm　1/16
印　　張：14.375
版　　次：2022 年 7 月第 1 版
印　　次：2022 年 7 月第 1 次印刷
書　　號：ISBN 978-7-5010-7672-7
定　　價：98.00 圓

海上絲綢之路基本文獻叢書

馬哥孛羅游記導言（上）

張星烺 譯

文物出版社

Journal of Christopher Columbsu, p. Viii）旨哉斯言哥倫布之書既若是其重要則誘起哥倫布發願立志之書馬哥孛羅遊記其爲重要亦可以臆想而知矣。歐美人士，視其書爲經典。各種文字中無不有多次之翻譯及註釋。卽至小學生或最粗工人，無不知馬哥孛羅之名，近代世界大通以後，各國人士競相研究攷證其地理歷史研究愈精，而興味彌深，其書之價値乃彌高。豈不以書中內容詳確之故歟？

余研究此書十餘年矣。常將西人研究，與吾國史書互相參證，輒覺西人之說有理。徇其理而旁証之，時能得有新証據，足以闡明西人之說者。又西人之說，謬誤之處，間亦有之。翻譯之時，參証中國史書，據實改正者，亦時有之。余願於下方指出數端，爲今漢文譯本之新發明，原本所無者。

（一）導言第三章增補，「中國史書上之馬哥孛羅」。關於孛羅氏在中國之行爲，就余所知諸書，及所得查出諸條，依其年代之先後，縷舉出之。馬哥孛羅個人之歷史，藉此而大明。年代困難，雖未得圓滿解決，然其到中國之時期，已稍可知悉。

又其書中所記元世祖時諸大事，亦皆按年代先後，參証元史表列出之。使世之研究馬哥孛羅遊記而疑其所記不實者，胸中之疑竇可盡然消釋也。

(二)卷一，第四十章附註二，增補古代『中西交通紀事』，阿蘭人致羅馬教皇書之攷証，又隋書鐵勒傳之攷証，盧白魯克紀行中 Segin 之攷証，余於他書，皆未得見也。

(三)卷一，第五十九章，俄國駐北京主教帕拉狄斯 (Archimandrite Palladius) 証明馬哥孛羅所言之佐治王(King George)爲即汪古部長高唐王闊里吉思。余於今譯，更搜得他種証據多端，足使人信帕拉狄斯之說，更爲確鑿無疑也。

(四)卷二，第四十一章，增景教碑文克姆丹 (Rumdan) 之解說。

(五)卷二，第七十四章，阿蘭人攻陷常州後被誘殺，及伯顏屠城史事辨正。

(六)卷二，第七十九章、太平州 (Tapinchu) 之辨正。

以上所舉諸端之外，尚有其他之新攷證，及辨明多種，難以一一盡表列於此。讀吾

者，試詳閱余之補註可也。余意余所加入諸端，於歷史地理學上之進步，不無貢獻
者余所發明諸端，在近十餘年中，法人亨利玫狄修訂第三版孛羅遊記後，西人之
誌上已有言之者，亦未可知也。然居閉塞多亂之中國，遠隔歐美文化中心點，舉國
中，無一完備圖書館可以參閱西人研究中國之雜誌，欲以一人之力而欲購求各
雜誌書籍，實有不可能之勢也。故余所稱新發明，僅對於余所見諸書而已。孛羅遊
本書以外，余所最多引用西文數書，僅列於下：

（一）一千九百十七年，法人亨利玫狄修訂亨利玉爾原著之「契丹及往其國路途」，(H. yule, Cathay and the Way thither, 4 vols. revised by H. Cordier 1914-1917.)

（二）一千九百十年重版之俄人白萊脫胥乃竇所著中世紀中央及西部亞細亞歷史地理研究(E. Bretschneider, Mediaeval Researches from Eastern Asiati Sources 2 vols, 1910.)

二)一千九百十五年版，日人佐伯所著英文景教碑研究(P.Sacki, the Nestoria monument, I vol. 1915.)

四)英人比耳之英譯玄奘大唐西域記，(S. Beal, Budhistic Records of the western World, Si Yu Ki, 2 vols.)

五)英人比耳之英譯大慈恩寺三藏法師傳，(S. Beal's Hui Li's Life of Hiue Tsang, I vol.)

六)英人雷蓋之英譯法顯佛國記，(J. Legge, Fah Hian, I vol.)

七)日人高楠順次郎之英譯義淨南海寄歸內法傳(Takakusu, I-Tsing, I vol

八)日人堀謙德所著日文解說西域記，

九)日人佐伯好郎所著之日文景教碑文研究，

十)斯文赫丁之德文本亞洲沙漠探險，(Durch asiens, Wüsten I vol.)

十一)斯文赫丁之德文本亞洲中部探險，(Im Herzen von Asien, 2 vol.)

(十二)德人李希脫和芬所著之德文本支那，(Richthofen, China, 4 vols.)

(十三)英人霍渥特之英文蒙古史，(H. Howorth's History of the Mongols, 4 vols.)

(十四)荷人賫格魯脫之英文本支那宗教統系，(De groot, Religious System of China, 7 vols.)

(十五)賫格魯脫之英文本支那排斥異教史，(De groot, Sectarianism & Religious Persecutions in China, 2 Vols.)

(十六)賫格魯脫支那人之宗教，(De groot, The Religion of the Chinese, I vol., 1910.)

(十七)馬克哈模之英譯哥倫布紀行，(The Journal of Christopher Columbus, trans, by C. R. Markham)

(十八)麥錫克德文譯本拔都他遊記，(Hans V. Mzik, Die Reisen des Arabers

Ibn Batuta durch Indien und China, I vol., 1909.)

（十九）波臘特英文本曼德維遊記及高僧勃拉奴喀劈尼與盧白魯克紀行，（Travels of SirJohn Mandeville, Journals of Plano Carpini, & William of Rubruck, trans. &edited by A. W. Pollard.)

其他諸書，余今不必盡舉。全書譯竣後，書尾另有引用參攷書目也。

余之翻譯此書，起始於民國二年，屢作屢止，迄於今，始成全書三分之一而已。吾之翻譯此書，非如古代六朝李唐高僧之奉詔譯經，有帝王之後援，或歐美名家終身寢饋於學術之中，有全社會之贊助也。吾所知遇之人，多半皆以翻譯此書爲無謂，僉云不能獲利，徒勞心力而已。其能知余而贊助余者，實甚寥寥也。故余對於此少數良友，給余以精神之鼓舞者，實深感謝之，銘諸心肺而不忘之也。其有給余以物質上之佐助者，余尤謝之也。岳丈王玫伯先生，家藏中國古書數萬卷，當余寄居其里時，皆任余參閱，余甚德之。內子哲孫，時常助余抄錄中國史書節文，所費鐘點，難以數計。若無其助，則鄙人補註諸條，恐難以成功也。北京大學校長蔡孑民先生，爲今代好學之人，時常希望余書之成功，併爲余覓人代譯古法文拉丁文諸節，吾尤不可不謝之。東南大學史學教授柳翼謀先生爲給余精神上之鼓舞之一良友也。中國地學會編輯姚存吾先生校對本書，多所指陳，物質上補助之良友也。

馬哥孛羅獄中口述遊記後六百二十四年，即中華民國十一年十月十日，古契丹國人（Cathayan）張星烺序於汗八里（Cambaluc）古都。

受書堂叢書第一種

十

玉爾女史啓事

亨利攷狄（Henri Cordier）教授，爲當今博學鴻儒，昔爲吾父良友，受余之托，修訂吾父之偉作。攷狄先生未忘昔日之友誼，不辭勞苦，經閱困難，修訂精密。今於篇首特表謝辭。

攷狄先生，不獨爲修訂此書之最適當人，吾恐世界著作家，無他人可得吾父之允許，修訂其書也。攷狄先生今此之筆削，悉依吾父之精神，非虛辭謬賞也。

本書附增之亨利玉爾傳，（傳中文字悉由余負任）僅略記吾父爲人性格及其畢身境遇而已。吾父生時知友，今存者已寥寥無幾，讀此或可回憶其爲人之特殊品性之拔萃。未得與吾父有交誼之機會者，得此亦可稍知其人其書與其境遇。斯則不負余作此短傳之旨矣。

傳文疵謬，不待他人之指斥，余自知之，非余疏懈之罪，唯因塵事羈身，寸陰難得，率爾操觚，以致瑕謬百出也。大雅君子，其幸諒之。

雖然，余之略傳，藉使吾父見之，必加讚許，不延他人，而使余捉筆，傳其生平事略也。

本書第一次出版時，篇端有聲謝意大利皇后（當時爲皇太子妃）之文，第二次出版時，並未重刊，僅附於括號之內，今次三版，倣第二次之例。

麥奇森（Murchison）先生，代表英國科學之在外國，與外國科學之在英國，一世有餘矣。盛名鼎鼎，余校閱本書時，寄居其侄女之屋下，得其友愛相助不淺，故於今版之首頁，特書謝之。

亞美法蘭賽斯玉爾（Amy Francis Yule）謹啟，

馬哥孛羅遊記第三版序文

三十年前，予接讀此偉作第一版時，絕不意今日受托修訂第三版也。所托困難，然此榮譽之事業也。玉爾先生第一版馬哥孛羅遊記，達『遠東契丹國』時，旅居其處少數外國學士皆為感動。玉爾先生之作，遂為多數研究之起點。其結果諸著作本書第二版時，已利用其一部份，今版又復利用之。俄國駐北京總主教泊雷狄斯（Archimandrite Palladins）白萊脫胥乃竇博士，（Dr. Emil Bretschneider）英國駐上海維理君，（Alex. Wylie）皆余之友也，而今已皆死矣。嗚呼！僑駐杭州主教毛爾君，（Right Rev. Bishop L. E. Moule）尚生存耳。此數友者，悉勤勞苦學，最先研究中國文之記載，其所有心得，刊行於世久矣。

一千八百七十六年時，（清光緒二年）予歸自中國，予友羅斯德博士（Dr. Reinhold Rost）介紹予於英國印度部亭利玉爾先生。先生亦羅斯德之友也。自此予與玉爾先生交友甚密，時通函問，至玉爾先生離此塵世之日乃止。玉爾先生乃當世之大地理學家，余得與之爲友，其榮非凡也。余所註高僧鄂多立克（Friar odoric）遊記出版時，於書首特有表謝先生之文，蓋先生對於該書極爲關心，時刻勉勵余之成功也。余昔知先生將有馬哥孛羅遊記第三版之發行，惜乎天不賜時，使之得竟其所愛之作也。余固不才，素仰先生之學，今受托修訂其書，爲第三版之發行，唯期不墜聲望足矣。然余之外，先生欲求較優之弟子，繼承其業，恐亦難得其人也。余與玉爾先生二人所好相同，求眞確事理之心相同，性癖相同，愛威尼斯市及其歷史之心亦相同。諸事皆爲註釋馬哥孛羅遊記所必要者也。余爲與已故夏孚君（Charles Scheffer）共創建及註釋十三世紀至十六世紀末葉遊記與金石彙編（Recueil de Voyages et de Documents pour servir à l' Histoire de la Géographie depuis le XIIIe jusqu' à la fin du XVIe siècle）之人，又爲鮑梯君（G. Pauthier）所建東方今語學校（Ecole des Langues Orientales Vivantes）之校長，鮑梯君刊印之馬哥孛羅遊記至今尚可寶貴也。余以此之資格，故得承襲前此註釋馬哥孛羅遊記二大家之衣鉢，而受修訂第三版之重任也。

余既欣受玉爾女史之托，負此榮譽之重任，爲第三版之修訂人，特於此謝玉爾女史之加此榮譽於余也。（玉爾女史撰其父略傳及書首之謝文，皆見今版。）

玉爾先生欲修訂諸註，胸中已有成竹，多存憶於其個人之腦際，故遺留之筆記甚少。他人無以籍知，斯誠繼續其業者之不幸也。玉爾女史將其父日記中偶留之數註，送交於余。余甚德之。所幸者他方之記載極多，余皆得而利用之。其最要之書，大有助於余者，爲英國皇家亞洲學會雜誌 (Journal of the Royal Asiatic Society) 中，霍否新德樓將軍 (General Houtum-Schindler) 諸論文，冠仁貴爵 (Lord Curzon) 之書，薛克斯少佐 (major P. Molesworth Sykes) 所著之波斯誌，格雷那德君 (M. Lrenard) 所著之杜脫雷爾賚林中央亞細亞奉使記 (Dutreuil de Rhins' mission to Central Asia)，白萊脫胥乃賚博士及拍雷狄斯主教所著之中世紀游歷家及地理學 (Mediaeval travellers and Geography) 諸論文，美國羅志意先生 (Hon W.

W. Rockhill）所著之西藏誌（Tibet）高僧盧白魯克遊記註（Rubrnck）二書，余取材利用之處甚多，余於此不可不特別表明重謝美國之大外交家（烺案羅志意當盧斯福大總統在任時，充北京美國公使，後爲袁世凱顧問，中國官牘稱之爲羅志意，）顯赫之遊歷家兼學問家也。

羅蘭博拿巴脫親王（H. H. Prince Roland Bonaparte）（烺案拿破崙第一之侄孫也）允許余利用其所著蒙古時代金石彙編（Recueil de Documents de l' Epoque Mongole）中數圖，又法國國家圖書館館長劉俄坡戴里爾君（M. Léopold Delislé）允許余詳細審查威尼斯市長馬黎諾法利羅（Duge Marino Faliero）死後之財產目錄。又前法國駐北京代理公使賽馬樓伯爵，（Count de Semallé）允許余利用其所集支那攝影多張，皆至可寶貴者。又威尼斯市尼哥羅巴羅奇君，（Comm. Nicolò Barozzi）前助亨利玉爾先生以成其書，今又助余不淺。此數人者，余於此皆不得不聲言謝之也。

前版出現後，已二十五年餘矣。於此時期，間波斯國情形見知於歐人者，更爲詳徹也。中央亞細亞新道途，已探悉。喀拉和琳（Karakorum）古都，已有完全記載。中國西部及西南部事情多端，已加入吾人之新知識中。此等研究結果諸論文，爲今新版馬哥孛羅遊記之主體也。亨利玉爾先生原註，爲余所删除者幾無一條，爲余所更改者寥寥可數，偶有數處近時新發明，證實玉爾先生錯誤者，余則改之也。余增入新註甚多，皆爲新研究之結果。讀者得此，或可稍有裨益，不負余之所望也。

約翰麥雷君，（John Murray）對於本書印刷時極爲照料。余於此序之末，亦不可不聲明余之誠心謝之也。

一千九百零二年十月一日，亨利攷狄序於巴黎。

馬哥孛羅遊記第二版序文

余所註馬哥孛羅遊記第一版發行後，世界讀者，非常歡迎，遠出余之初意。大獎勵余，使作此第二版也。

初版相助諸良友及通信人今仍生存，輔助余修訂今版者，尚不少。駐上海維理君，(A. Wylie)貢獻甚多，皆極寶貴，費時甚多。諸人之中余尤深致謝辭也。威尼斯市白赤脫君，(Signor Comm. G. Berchet) 喀爾德維爾君，(Rev Dr. Caldwell) 麥克拉甘大佐，(今已升少將) (Colonel R. Maclagan) 韓百雷君，(D. Hanbury) 拖瑪斯君，(Edward Thomas) 梅卓爾君，(R. H. Major) 皆助余亦不淺。諸人之名，不可不於此特別表出，以誌余之謝情也。

以上諸舊名之外，又有新友之名甚多，余亦不可不於此表出以謝之也。

德國李希脫和芬男爵，(Baron F. Von Richthofen) 今充柏林地學會會長，遊歷中國，不獨步行馬哥孛羅舊道數百英里，其遊歷中國內地較之馬哥孛羅或且更多各處皆舉行科學探測，其最淺之理想，威尼斯之遊歷家，固毫無觀念也。男爵所得富裕之新知識，皆隨意貢獻於余。愛利雅斯君，(Ney Elias) 一千八百七十二年時，由張家口萬里長城關隘起身，跋涉西部蒙古二千餘英里，直至阿爾泰山俄羅斯之邊境乃止。所經諸處，世界從無人知者。愛利雅斯君測繪所經新圖，亦助余不淺。

英國皇家地學會 Royol geographical Society 及意大利地學會，皆譽賞拙作，而獎余以金牌。鄙人受之誠有愧心。英國地學會會長為勞林森先生 (Sir Henry Rawlinson) 意大利地學會會長為乃格黎先生 (Commendatore C. Negri) 鄙人於此序文內，若不聲謝二會，是無情也。二會譽賞之外，更有確實經驗，使余心奮勉者，即上方所述二大遊歷家，亦皆交口讚賞拙作也。李希脫和芬男爵嘗宣言欲使人將拙作譯成德文，親任監修之責，惜乎此計畫業已中止矣。愛利雅斯君，跋涉蒙古荒漠時，嘗將拙作二巨本隨帶身畔。拙作蒙二大家之過獎，余尤覺光榮也。

駐杭州牧師毛爾君，(Rev L. Moule) 報告余以孛羅遊記所載古京師城 (Kinsay) 事情甚多，使本書關於古城之圖及註解，大為革新，余亦不可不謝之也。駐廈門牧師陶哥拉斯博士 (Rev, Carstairs Douglas, Lld.) 亦助余不淺。俄國俄代沙 (Odessa) 大學教授白龍先生 (Professor B ruun）余昔未得晤面，以後恐亦不能相識於此世也；其熱誠助余，與多年舊交無異也。馬特拉斯市(Madras)民政署白奈爾博士(Dr Arthur Burnell)助余以該處附近之註解，及地理攷證，又代繪該地聖拖馬斯（St Thomas）陵墓上之十字架圖，載在余書，較之其自所著論文關於此事者，尤爲早也。余之同袍，陸軍少佐聖約翰君（Major Oliver St. John）關於波斯諸章，賜余註解多種，又紀程新材料若干，使起兒漫(Perman）省境內遊程之圖，大爲更正也。

加爾克答市（Calcutta madrasa）白洛赫曼君，（Blochmann）及前出使喀什噶爾大臣福爾錫斯先生，（Sir Douglas Forsyth）亦曾助余，先生所著錫勃洛斯島(Cyprus）史記行世久矣。拉脫里君，（M. de Mas Latrie）格羅泰君，（Arthur Grote）美國駐聖彼得堡使館參贊徐樓君，（Eugene Schuyler）英國駐北京使館隨員白歇爾博士，（Dr Bushell）及馬佑斯君，（W. F. Mayers）福州牧師腓力勃君，（G. Phillips）俄國已故大遊歷家肥淸科之夫人，（Madame Olga Fedtchenko）

琪定基大佐，(Colonel Keatinge) 凱葉斯少將，(Major General Keyes) 白特吳特博士，(Dr. George Birdwood) 孟買市白格司君，(Burgess) 余舊友格雷脫海大佐，(Colonel W. H. Greathed) 中世紀地理學大家達維柴君，(M. D' Avezac) 及其他多人，皆有助余，或出自願，或由鄙人函問而皆即時回書以報余也。

書中附載圖畫，余尤重視之，麥雷君，(Murray) 宏量相助，使今版所載較之以前更多也。(俄國康尼闊甫君 Khanikoff 於學士會院報告 Academy 上有本書第一版評論之作，尤讚賞附載圖畫，余甚謝之。) 原有圖畫甚多，然借自他書者，亦實不尠也。雖或已有見之，而可證明本書各節者，鄙意以爲取用亦無妨，不致有抄襲陳套之譏也。(格爾尼爾中尉 Garnier 之書借用尤多也。)

今版所增尤多，重勞讀者，甚爲可感。舊註刪除者，間亦有之，然增補者過於所刪除者，實多也。其原因則自四年前本書第一版發行後，關於本書之新研究，大爲增加。今版既付梓時，而新說猶源源而來，其未遑加入各篇之註內者，余別闢附錄第十二號以記之。（此附錄已加入今版各篇內攷狄誌。）喀拉和琳（Karakorum）城，在昔嘗於短期時間，爲世界自古未有之大帝國之都城。以後衰夷，迄於堙沒，前無人知，而今已有訪其地者矣。忽必烈大汗之上都（Xanadu of Cublay Khan）遺蹟，今已掘現矣。拍米爾高原，及唐古忒省，已有遊歷家橫越之矣。陝西著名困難山道，今已有人跋涉之，且有詳細記載流於世矣。孛羅遊記書中之隱秘建都國，（Mysterious Caindu）已揭現於世矣。余亡友格爾尼爾（Garnier）中尉，率領法國印度支那探險隊，深入雲南諸部，一切情形，纖微皆知矣。在前數年，歐人雲南之記載，猶僅推馬哥孛羅遊記數章爲信書也。格爾尼爾之書中圖畫，拙作今版亦有取材也。不寧唯是，馬哥孛羅遊記卷三第三十三章所記馬達甲斯加島之巨鳥，前此視爲齊東野人之語，而近自新西蘭（New zealand）發掘上古巨鳥遺骸，證明爲馬哥孛羅所記盧克（Ruc）大鳥，其骨尚在溫教授（Prof. Owen）之室中棹上也。法國聖馬丹君，（M Vivien de St Martin）前數年刊印地理學史（History of Geography）一書。馬哥孛羅之篇，

馬哥孛羅遊記第二版序文　二十三

言及拙作第一版。聖馬丹君謂拙作不過修改馬斯敦(Marsden)前譯而已。聖馬丹君決非有意貶辱吾書者，唯余有數語不能不辨明也。聖馬丹君，爲今世有名之地理家，其書鄙人極寶貴之，顧請施之以拙作前序所引諺言 Vir qui docet quod nonSapit 不敬之解釋也。聖馬丹君，蓋未深悉吾書，而即妄加斷語也。不待披閱全書，偶讀吾序文前數行，即當自知所言，全無根據也。

序言既畢，余將與余良友馬哥孛羅，永別矣。馬哥孛羅君，與吾相伴時日，亦不淺矣。余在東方年數亦不爲少，時常懷憶及之，與孛羅亦有同情也。

(原書此處尚有十三世紀古法文四面，蔡子民先生嘗爲余倩僑京法國人士代譯，然竟無一人能之者。深爲悵然)。

一千八百七十四年，十二月，三十一日，亨利玉爾序於拍樓模(Palermo)城。

馬哥孛羅遊記第一版序文

予昔受哈克魯亦脫地理學會（Hakluyt Society）之委任，編纂契丹及往其國路途（Cathay and the way thither, being a collection of minor medieval Notices of China, London, 1866）一書。於其時得悉亞洲數部中世紀之地理，所集材料甚多，因發念纂輯英文新本馬哥孛羅遊記。其事與以前一書性質相類也。某評論家（在審查雜誌 Examiner 上）嘗謬推賞，謂其職當由予任之矣。

馬斯敦（Marsden）馬哥孛羅遊記譯刊後，英文中最少亦有一種新譯本可使人起敬者。（麥雷君 Hugh murray 之譯本是也。拉依脫君 T. wright 之譯本非不佳也，唯其書乃重印馬斯敦者，馬氏諸註爲之節縮而已。譯者亦嘗自稱如是矣。）然馬氏之書，至今依然爲譯文之標準，不獨書之名譽維持至今，即市肆售價尚未落也。其書出於敏智多學富於公正思想者之手，吾人對之毫無疵議，唯有起敬而已。然馬斯敦書發行後，（發行於一千八百十八年即清嘉慶二十三年也。）新學識之發明，可用以研究馬哥孛羅遊記內容及其書之歷史者，幾不可以數計。碩學家如克拉勃羅德（Klaproth）雷麥薩，（Abel Remusat）

達維柴（D' Avezac）萊奴德（Reinaud）喀脫萊梅（Quatremère）久良（Julien）施密德（I. J. Schmidt）吉爾特買斯德（Gildemeister）李透（Ritter）哈模勃格斯達爾（Hammer--Purgstall）愛德曼（Erdmann）多森（D' Ohssen）戴佛雷梅里（Defrémery）愛律德（Elliot）愛斯京（Erskine）及其他多人直接或間接，對於馬哥孛羅之書有所發明。大半皆於馬斯敦書發行後出版矣。又法文諸寫本爲各書之源，（Fontal）在彼時未刊印，未審查無由發表本書歷史之評論也。

前節所言諸人之書，有直接說明孛羅氏書者，亦有偶爾說明之者。馬斯敦後孛羅遊記本書在外國亦經多次譯刊，各有註釋價値不一，對於本書或其歷史，亦各有發明也。其最後而最佳者，爲法國鮑梯君（M. Pauthier）之作，其書中之新貢獻甚多。前數年余於每季雜評（Quarterly Review, July, 1868）中關於鮑梯之書之佳處，及疵瑕諸點嘗隨意發表余個人之意見矣。其言今不贅述也。

俄國康尼闊甫君，（M. Nicholas Khanikoff）亦爲評論鮑梯刊本之一人，最讚賞之，謂其書註釋詳盡，以後無可再加矣。馬斯敦英譯刊本發行後，讚美之者，亦嘗有是言矣。然鄙意觀之，苟吾人圖書館，有一日之存在，希臘古詩伊烈德（Iliad）必仍有新翻譯家出現也。馬哥孛羅遊記，雖或不若是之多，然亦必有新刊譯家也。

今此書之宜存在，讀者宜觀吾書之內容，不當僅披序文也，評論家宜舉吾書之全體而品論之也。暇日雖少，願於下方指出數端，為今版馬哥孛羅遊記書中之新材料，以前諸刊本所無者，然余亦非全認為一已之新發明者也。

導言第三章等，關於遊歷家個人及其家族之歷史，證以各種官牘公文，皆新材料，以前諸刊本所無者。又第十章分別記述各種寫本，及其互連關係，余於他書從未之見也。

地理學上之致證研究，余願指出卷一第四章，Gheluchclan 名辭之說明，又由起兒漫（Kerman）至忽里模子（Hormnz）道途之討論，又舊忽里模子城遺址所在之發明，又科比南（Cobinan）鐸汗那（Dogana）地址之發明，開歇姆（Keshm）城地址存在之證實，排恩（Pein）及卓爾成（Churchan）二國名之註釋，葛格（Gog）與馬葛格（Magog）二名辭之註釋，由成都府（Sindafw）至哈喇章（Carajan）途間之地理，安寧（Auin）及猓玀蠻（Coloman）二名之註釋，歐德非里

(Mutafili) 加異勒 (Cail) 伊里 (Ely) 諸名之註釋，皆新作也。

歷史上之研究，余願指出博爾格那 (Bolgana) 及科克清 (Cocachin) 二王后之諸註，喀老那 (Karaunahs) 之註釋，孟加拉 (Bengal) 諸王稱號之施用於緬甸國王，又馬雷 (Malay) 與阿比西尼 (Abyssinia) 二地年代攷，亦皆新也。

外國名辭之註釋，余願指出 Ondanique, Nono, Barguerlac, Argon, Sensin, Keshican, Toscaol, Bularguchi, Gat-paul 等字之解說，亦皆他本所未見者也。

其他各種研究，如卷一第二十二章太陽樹或乾樹 (Arbre Sol or Sec) 之論文，又卷二第七十章中世紀軍用機械之論文，亦皆新也。

通達東方語言文字，爲適當研究或攷證字義所必須也。註者固時時憂慮，不免有中世紀諺言

"Vir Qui docet Quod non Sapit Definitur Bestia!"

之譏諷也。余前編纂之契丹 (Cathay) 書中，序文有一節如下，今請得而重印於此也。

『余不通東方語言文字，致書中多節時常遇困難之點，至以爲憾也。余嘗讀印度斯坦尼 (Hindustani) 語多年，又略解波斯文，皆覺極有用也。然以淺學識，或有時引余至誤途，亦未可知也。』

本書初着手時，即已自知絕非一已之學識所能成功，雖有博學大家加以各種利

便，較之鄙人才高十倍者，亦難以如願而卒業也。故各種專門問題，不恥四方求援也。註者通函各地訪問，皆有回文，如願以償也。有舊友數人，贊助甚多，永不忘情也。又有通函數人，爲以前素不知者。又有數人通函時雖爲不知然註者心中極樂稱之爲友也。

諸人之中，所最當先謝者，爲威尼斯市白赤脫君，（Comm. Guglielmo Berchet）宏量助余，賜以多種威尼斯市保藏之公牘，又他方相助之處，亦不尠也。羅克哈德博士，（Dr. William Lockhart）助余以數種之圖畫，皆爲希世之藏，亦宜特別聲謝也。法國海軍少佐格爾尼爾君，（Lieutenant Francis Garnier）勇敢多才，於格雷大佐（Captain Doudart de la Grée）死後，率領法國探險隊沿湄公河（Mekong）而上，深入雲南內地諸部。丁內維理（Tinnevelly）地方牧師喀爾德維爾博士，（Rev. Dr. Caldwell）助余以南印度各地多種之註譯，皆極寶貴。余友馬克拉甘大佐，（Colonel Robert Maclagan） 費爾先生，（Sri Arthur Phayre）亨利曼大佐(Colonel Henry

Man）皆助余以多種之詮釋，及他種之援助。俄國聖彼得堡大學教授歇甫納爾先生，（Prof. A. Schiefner）通函贈余圖書數種，皆極有興味，外間所不可得者也。又余之同袍恭尼翰少將，(Major-General Alexander Cunningham) 賜余數種函扎，皆至可寶貴。又余友印度地質探測所所長俄爾特哈姆博士，(Dr. Thomas Oldham) 韓百雷君，(Daniel Hanbury) 拖瑪斯君，(Edward Thomas) 福開森君 (James Fergusson) 傅雷爾君，(Sir Bartle Frere) 克雷亨博士，(Dr. Hugh Cleghorn) 等，皆極關心於本書之著作，時時助其進行。駐上海聖經會經理人維理君 (A. Wylie) 學識超羣，助余不淺。美國駐意大利國公使馬胥先生，(Hon. G. P. Marsh) 博學冠世，家藏書藉衆多，先生爲人仁厚，時時通函教誨，津津不倦。以上諸人，余皆不可不謝之也。又威尼斯市博物館館長巴羅奇君，(Comm. Nicolo Barozzi) 同市明奴拖教授，(Prof A. S. Minotto) 大遊歷家萬百雷教授，(Prof. Arminius Vámbéry) 瑞士白恩市 (Bern) 福路起格教授，(Prof. Flückiger) 駐西藏摩雷維亞(Moravia)

牧師甲胄凱君，(Rev H. A. Jaeschke) 駐波斯灣英國旅客裴雷大佐，(Colonel Lewis Pelly) 皆曾助余。潘的脫曼費爾君，(Pandit Manphul) 函告巴達哈傷 (Badakhshan) 事情一節，極有興味。

又余之同袍，印度測地所孟脫果梅利少佐，(Major T. G. Montgomerie) 意大利國地學會會長乃格黎先生，(Commendatore Negri) 皆助余不倦。法國巴黎圖書館館長座吞栢格博士，(Dr. Zotenberg) 法國地學會總秘書毛奴爾君，(M. Ch. Maunoir) 佛羅倫斯市 (Florence) 吉格里黎教授，(Prof. Henry Giglioli) 余之舊友今英國駐緬甸大臣佛樞少將，(Major-General Albert Fytche) 又印度部圖書館及博物館羅斯德博士，(Dr. Rost) 福拜斯瓦脫孫博士，(Dr Forbes-Watson) 梅卓爾君，(R. H. Major) 又大英博物館鐸格拉司君，(R. K. Douglas) 駐香港戴尼君，(N. B. Dennys) 駐中國英國總領事館格特納君，(C. Gardner) 皆有助余，余亦不可不謝也。此外尚有數人，亦嘗助余，余心亦甚感謝之。唯上方所記名單，已爲

尤長，讀者或覺可笑。蓋此書所記諸地甚多，欲求書之完備，不得不四方求援也。上

名單之外，又有二人，皆不可不於此處表謝之也。其一爲當今德倍伯爵。（Earl of

Derby）公允英國外交大臣時，嘗允許余參閱阿博脫（Abbot）所著調查波斯

地各省報告書，書極可貴，而至今尚未刊印也。又古栢君，（T. T. Cooper）爲當今

著名冒險遊歷家之一，其紀行書至今尚未出版，而允許余引用其中數節也。

一千八百七十年，十二月，三十一日，亨利玉爾序於柏樓模城。（Palermo）

亨利玉爾傳

亞美法蘭賽斯玉爾撰

玉爾女史所撰其父之傳，有四十六面之多。甚爲冗長、全譯之，無甚興味。惟亨利玉爾先生，爲英國地理學大家，足未履漢土，目不識漢字、然中國之歷史地理、先生最精閑之。所著契丹及往其國路途，(Cathay and the Way thither, being a Collection of minor mediaeval Notices of China) 與所註馬哥孛羅遊記。(The book of Ser Marco Polo) 二書，在西洋皆號傑作。學者莫不交口頌美。書中所記精微，雖漢土歷史地理專家，有未聞未見者。吾今既譯先生所註馬哥孛羅遊記，又時引用契丹及往其國路途，介紹先生之名於漢土士人，不可不有先生短傳也。故將玉爾女史所撰者，節略譯之，使漢土士人、知西洋學問家一身境遇如何也。

亨利玉爾，蘇格蘭人也。生於一千八百二十年（清嘉慶二十五年）五月一日。年十五時，入高等學校，最嗜希臘文劇曲及德文。一千八百三十七年二月，入東印度公司 (East In dia Co.）所辦陸軍學校。翌年畢業，受任爲孟加拉工程師。一千八百四十二年，受委爲印度西北水利工程師。印度各次叛亂之平定，玉爾皆與其役，受任爲陸軍大佐。一千八百四十九年，彭甲伯（Punjab）戰爭終完之後，玉爾病，携其妻歸國。以後三年，廣居蘇格蘭，時往歐洲大陸遊歷，一千八百五十年，玉爾購屋一所於蘇格蘭都城愛丁堡，從事著書。作有非洲艦隊之擁護（The African Squadron Vindicated）一書。後有德文譯本。又譯德國詩家細樓（Schiller）之龍戰（Kampf mit dem Drachen）一詩。又時在蘇格蘭海陸軍學校講演要塞建築法。玉爾友人白臘克吳德（Blackwood）君，刊印雜誌。玉爾於雜誌上著西藏論文。又起始研究馬哥孛羅遊記。在家數年，最要之著作，爲軍官及軍學生必用要塞書（Fortification for officers of the army and Students of militany History）書最爲奇特。一千八百五十一年，白臘克吳德君爲刊行之，七年後有法文譯本。一千八百五十三年，復往印度，嘗至新加坡、爪哇。一千八百五十五年，奉使緬甸，爲秘書長。此時著有奉使阿瓦朝廷記（

Mission to the Court of Ava in 1855）爲玉爾生平第一部地理書。一千八百六十二年，辭印度職使歸歐洲，欲於本國求一位置，多月無眉目。其年之冬，往德國黑林地方（Black Forest）與其妻女同居。一千八百六十三年初，復往倫敦謀事，居留四五月，仍無結果。復往瑞士撒服愛地方（Savoy）。玉爾夫人常有心病，醫云無論何時，可忽死也。其妻不欲玉爾煩惱，故醫言秘不宣布。待玉爾自英國抵瑞士後，始告之。此時玉爾起始研究中世紀遊歷家之著作，翻譯高僧菊打奴斯遊記（Travels of Friar Jordanus）。一千八百六十四年春，居意大利羅喀城（Lucca），起始編纂契丹及往其國路途一書。是年冬，醫云玉爾夫人必須往南方天氣較暖之地。玉爾乃携家眷於一千八百六十四年十月，抵西錫利島（Sicily）美西奈城（Messina）。十一月十一日，聖馬丁（St. Martin）祭日，全家安抵西錫利島都城拍樓模。其地風景佳美，初時暫寓，後不料竟居至十一年之久也。此年冬春二季，皆編纂契丹及往其國路途。明年，往倫敦，自願爲皇家地理學會編纂該會雜誌（Journal of the Royal Geographical

Society）第二十年至第三十年目錄，以交換該會全本雜誌。初以爲事甚易，殊不知困難非凡，費時多月，待至精疲力倦，始將全體目錄編完也。一千八百六十六年（清同治五年）

春，契丹及往其國路途偉作告成。一時風行，洛陽紙貴。玉爾之大名，研究歷史地理者無不知也。（煣案此書今有新版，價仍甚昂也。）　一千八百六十七年，歸自倫敦，起始注釋馬哥孛羅遊記，拍樓模（Palermo）威尼斯（Venice）佛倫斯（Florence）巴黎倫敦諸市各大圖書館，莫不搜遍。又各處通函訪問，歐亞二洲無不有之。每日早起飯前散步，夏季或海水浴，然常於飯前即捉筆書寫。喜一人獨食，食畢，披閱所作。午前十點時，急步至圖書館，閱書作筆記，直至下午二三點時，始歸，讀倫敦泰唔士報，書寫信札，訪拜客友；後又閱書，著作，直至家人皆已就寢，而仍不停筆墨也。故妻女甚少見之。然馬哥孛羅遊記每章注成，或有新發明時，必携示其妻，共讀之，評論之，妻亦關心於其著作，時嘗助之。玉爾亦深信其妻之文章評論爲公正光明也。研究馬哥孛羅第一結果，卽爲一千八百六十八年，每季雜誌（Quarterly Review）所載鮑梯版之馬哥孛羅遊記評論也。一千八百七十年，（清同治九年）巨作告成。玉爾之大名，文明世界無不知，矣。意大利地理學會賞以極美之金牌，以褒獎之。一千八百七十二年，英國皇家地理學會亦獎以金牌。法國巴黎地理學會及亞洲學會，意大利地理學會，柏林地理學會，波洛那（Bologna）學會及其他學會，皆延請之爲名譽會員。一千八百七十一年，自巴黎歸拍樓模，研究鄂格速斯河（Oxus）（唐書之烏滸水元史之阿母河）流域之地理。翌年刊印吳德（Wood）紀行註釋。此時英國旅居僑民英哈姆（Ingham）及韋塔克（Whitaker）二君捐欵建築英國教堂一所於拍樓模市。玉爾亦熱心贊助之。後爲該堂之書記。時居露天空氣內，大有益於其衛生也。玉爾爲人全無嗜好，門外遊玩，天然科學，藝植花園，畋臘騎馬，皆非所好。終日所不倦者，唯書卷而已。故軀體多病，爲一生大不幸之事也。肝臟有病，加以室居過多，新鮮空氣缺乏，運動全無，故躬不康健，時常抑鬱不樂也。拍樓模市各種俱樂部甚多，每年冬季，會員尤衆。英國及外國人士皆樂與玉爾爲友也。舊友來訪者，亦時有之。玉爾皆招待之，共遊玩山水，極其樂也。拍樓模市附近，山水佳美，冠於他處，然玉爾專心於其著作，絕不知享用天然佳境也。當此時玉爾大名，已轟傳四方。地理學上得有殊絕地位。所作鄂格速斯河流域地理論文，(Essay on the Geography of the Oxus Region) 英國本國人士，知其價值者尚少，而外國學者，自此承認玉爾爲中央亞細亞地理大家，各種問題，皆待其蒸見而解決也。無形中建設玉爾氏法則 (Yule Method) 爲研究地理學者必經之途津也。德國地理學大家李希脫和芬男爵 (Baron von Richthofen) 嘗言不獨英國，『卽法國意大利，日耳曼及其他諸國文學上，玉爾氏法則，使人鼓舞興奮，其偉大影響，亦可見也。』(Auch in den Literaturen von Frankreich, Italien, De-utschland and andere Ländern ist der mächtig treibende Einfluss der Yuleschen Methode, welche Wissenschaftliche Gründlichkeit mit Anmuthender Form Verbindet, bemerkbar——Verhandlungen der Gesellschaft für Erdkunde Zu Berlin, Band XVII. No. 2) 著作家多人，將玉爾前之中央亞細亞，比之於理溫斯敦 (Livi ngstone）前之中央亞非利加誠非過言也。玉爾氏之注釋馬哥孛羅遊記，純由於天性喜作工，（Love of work）非欲求聞達於四方也。馬哥孛羅遊記出版後，大受世人之歡迎，出於初意之外，故玉爾欣慰非凡也。三四年間，第一版告罄，乃再修訂第二版。一千八百七十四年（清同治十三年）第二版刊行。翌年春結髮妻死，玉爾悲悼不勝。不久移居倫敦。舊友拜克（Sir William Baker）辭印度部職，使首相沙士勃雷（Lord Salisbury）素聞玉爾之名，委任之繼此職。玉爾素不涉問黨派政治，惟謹守沙士勃雷命令而行，竭力爲國而已。居印度部時，公事不遑，然稍有餘暇，則從事著作也。英國國家關於中央亞細亞各問題，皆訪詢玉爾之意見而後行也。勞林森（Sir Henry Rawlinson）先生，亦當時學問大家，然政府奪舍之而採擇玉爾之說也。一千八百八十二年，蘇格蘭古物學會舉之爲名譽會員。一千八百七十七年，英國哈克魯亦脫地理學會，（Hakluyt Society）舉之爲會長。自是多年，直至其死之年，始易人。一千八百八十五年爲英國皇家亞洲學會（Royal Asiatic Society）會長，又英國

皇家地理學會 (Koyal Geographical Society) 將舉之爲會長，而玉爾與他人意見不同，一千八百七十八年出會。閱數年，會長阿伯達爾貴爵，(Lord Aberdare) 復請之入會，被舉爲副會長。一千八百八十三年，愛丁堡大學 (University of Edinburgh) 舉行三百年紀念，贈給玉爾法學博士名譽學位。一千八百八十六年，(淸光緒十二年)英印辭典 (Anglo-Indian Glossary) 著成。其女亞美亦嘗相助纂集。駐留印度英國軍隊中人莫不身懷一册。一千八百八十九年，(淸光緒十五年)以身體衰弱之故，辭印度部職使。此年哈克魯亦脫地理學會刋印玉爾最後重要著作海哲斯紀程。(Diary of Sir Wslliam Hedges) 此年夏居家休養，暇時整理以前著作，爲彙刋之計。一千八百七十八年時，嘗偶爲感冒所侵，遂成癆疾，故身體日漸衰弱，然猶四方奔走，訪拜朋友，稍暇則手不釋卷。至一千八百八十九年十二月中，(光緒十五年)病不能起，遂臥床。十二月二十七日，法國學會 (Institute of France) 舉之爲通信員，世界最有光榮之學會也。三十日晨，醒神尚淸明，猶囑咐其女催印書局人早日將某書出版。至中午時，昏沉，遂仙逝矣。一千八百九十年正月三日，舉哀禮，舊友皆集，一女一姪，從弟二人，及舊友多人，履深雪中，送棺櫬至墓邊安葬焉。墓銘乃玉爾生時，親筆所作者也。

受書堂叢書第一種

四十二

馬哥孛羅遊記導言目錄

第二章　孛羅氏家譜及旅行者個人之歷史，至歸自東方爲止。

第六章　威尼斯與基奴亞二自由市之猜忌，及迭次海戰事蹟，多利雅提督阿得里亞海之遠征，荀坐拉島之大戰，馬哥孛羅之被擒。

第七章　馬哥孛羅獄中同契友人筆錄遊記者皮撒市羅斯梯謝奴君之傳記。

第三十八節　羅斯梯謝奴或爲梅羅利亞戰役俘虜。

第三十九節　羅斯梯謝奴之歷史攷證。

第四十節　羅斯梯謝奴所編輯小說之品評。

第四十一節　編篡小說之羅斯梯謝奴與馬哥孛羅同獄筆述遊記者，實爲一人之攷證。

第四十二節　羅斯梯謝奴歷史再記。

第八章　基奴亞出獄後馬哥孛羅之歷史。

第四十三節　馬哥之父，卒於耶蘇紀元後一千三百年之前。其弟馬飛之遺命文。

第四十四節　此時官牘上馬哥孛羅之記傳。百萬君渾名之起由。

第十章　馬哥孛羅遊記各次刊行版考。

附錄

元代西北三藩源流略記。補

馬哥孛羅游記導言附加圖畫目錄

(一)一千四百七十七年,(明憲宗成化十三年)德國牛恩堡(Nürnberg)市刊印之德文譯本馬哥孛羅遊記,書面繪圖併題文。此本爲歐洲最先刊印之馬哥孛羅遊記。以前皆恃抄寫以傳播者。(原在第二本附錄內,今移於書首)

(二)孛羅氏三人離故鄉二十六年後,歸至故邸,有親戚厲居,不識孛羅三人,拒之入內。圖爲意大利米蘭市(Milan)森尼君(Signor Quinto Cenni)原畫,玉爾先生複製者。

(三)意大利羅馬都城所藏元世祖之御史大夫,樞密副使,宣徽使,兼領侍儀司事,又淮東道宣慰使,馬哥孛羅繪像。(原在第二本書首今移此)

(四)威尼斯市馬哥孛羅厲舍大門圖。

(五)孛羅氏袖徽。

(六)同上。

(七)小亞美尼亞王海敦之御筆題字。

(八)威尼斯市街圖。

(九)日本東京遊就舘藏元世祖征日本御前會議圖，繪者不知名姓。(原無今補)

(十)威尼斯市馬哥孛羅故邸撮影。

(十一)威尼斯市嫣麗白蘭 (Malibran) 劇場撮影。

(十二)威尼斯市孛羅氏故邸地址三圖。(甲)一千五百年(明孝宗弘治十三年)時木版印威尼斯市地圖，相傳爲阿里八觧杜樓 (Albert Dürer) 所繪者。(乙)一千七百二十九年(清雍正七年)魯多維科吳基 (Ludovico Ughi) 繪製威尼斯市地圖。(丙)現今該城官地圖。

(十三)威尼斯市馬哥孛羅故邸進門撮影。

(十四)中世紀歐洲戰艦上棹之布置圖。

(十五)西那 (Siena) 地方自治廳壁上，阿萊梯尼 (Spinello Aretini) 君所繪威尼

(二十四)威尼斯市聖馬克圖書館 (St. Mark's Library) 貯藏馬哥孛羅臨終遺命書攝影。

(二十五)威尼斯市聖羅倫座教堂前院圖,馬哥孛羅長眠處也。

(二十六)十五世紀時,聖羅倫座教堂圖,由明孝宗時木版印威尼斯市地圖中取出者。

(二十七)基奴亞市政廳壁繪馬哥孛羅像攝影。

(二十八)脫萊維沙 (Trevisan) 氏族所用袖徽。

(二十九)廣東省城某寺內,僞傳之馬哥孛羅像攝影。

(三十)法國路費 (Louvre) 博物館所藏八角形磁鼎攝影,相傳爲馬哥孛羅携歸歐洲者。

(三十一)廣東某寺五百羅漢攝影,訛傳馬哥孛羅爲羅漢之一者。

(三十二)亨利玉爾繪製馬哥孛羅自己觀念之地圖。

(三十三)馬哥孛羅繪製之南極有尾星，贈送於彼得達巴奴(Pietro D' Abano)君者。

(三十四)一千三百七十五年，(明太祖洪武八年)時繪製之加塔蘭(Catalan)大地圖攝影。

(三十五)加塔蘭大地圖東方部。(自亨利玉爾著之契丹及往其國路途(Cathay)書中附圖取出者，原無今補。)

(三十六)中國所存最古西北地圖。(明永樂大典錄元朝經世大典西北地圖，魏源海國圖志轉錄永樂大典，今又取自海國圖志。惟依俄人白萊脫胥乃竇(E. Bretschneider)之例，將南北調換，以合於今之地圖。此圖可與加塔蘭大地圖並稱。本書西北地名漢譯，悉依此圖所有地名，與元史地理志西北地附錄相同，略多數名而已。原無今補。)

△孛羅氏庽舍大門圖△

〈威尼斯前馬哥孛羅故邸撮影〉

馬哥孛羅遊記導言

英國亨利玉爾英　譯　兼注
法國亨利考狄修訂兼補注
中國張星烺漢譯　兼補注

第一章　馬哥孛羅個人歷史，及其書之暗晦。　賴麥錫之考證。

第一節　孛羅本書之暗晦及個人歷史。

讀馬哥孛羅之書，見其中困難甚多，然馬哥之書，所以經歷多代，至今依然地位甚高，學者研究益覺有趣者，亦正以其困難之故。疑難之點，每加攷證，輒覺吾人之大遊歷家，誠實可信，不作妄語也。

疑難之點，固不獨限於古今地名之攷證，外國名辭之解釋，奇風異俗之表明，卽至馬哥本身傳記，及著書原由，亦多前後矛盾也。吾人所確知者，僅馬哥口授遊記，與其臨終遺命之執行時期二事而已。其生之年月，至今爭論不一，其死之時日，又無記載。其被基奴亞人擒捕之時，乃天意使之不效其父之寂然而死，名不稱於後世之時期也。即此年代，亦甚難攷。各次所印之書，每有參錯不同之處，難於追攷孰是孰非。最可異者，遊記最初究用何種文字記載，爭論不定，各執一是，直至於今，始歸攷定也。

第二節　賴麥錫（Ramusio）爲孛羅氏最初之傳記家及賴氏所傳事實。

賴麥錫者，馬哥同里人也。生距馬哥時代，尚不遙遠，搜集當時威尼斯地方存留馬哥之事實與逸話，編爲馬哥傳記。書乃關於馬哥之第一記載也。其文雖偶有錯誤，然賴麥錫與馬哥相距不遠，遺言逸事，尚多可信，固非後世時代久遠之人所可成者。以余所見，實研究馬哥孛羅不可缺之書也。

一　賴麥錫馬哥孛羅遊記第二卷序文，乃與其友福拉克斯多羅（Jerome Fracastoro）之書也。福君亦當世名人也。其序中先述古代最著名之地理家數人，既續其文如下（一）

曰：

『余所知之人中，以拖雷美（Ptolemy）爲最後，而地理知識，亦以拖氏爲最博。北方則裏海以外之情況，亦所深悉。裏海四周環山成一大湖，皆爲所知。斯脫拉波（Strabo）及白里內（Pliny）二君，生於羅馬兵威極盛，久爲世界主人翁時代，博學冠於當世，然裏海則皆不知也。拖氏之知識，裏海左右，固皆在其胸中，然過裏海十五度以外，則亦茫然，僅稱之爲隱地（Terra Incognita）而已。在南方則赤道以南之地，拖氏亦呼之爲隱地。於南方隱地最初發明者，爲當今葡萄牙之各船長。於北方及東北之隱地有所發明者，則不能不推威尼斯貴人馬哥孛羅矣。馬哥距今已三百年矣，其事迹俱載於其遊記中，可得而聞也。先則馬哥之父及其叔，逐漸東北行，而至蒙古大汗之庭；後則三人同歸，涉東方大海及印度洋等地，其途中情形，及路程之遠，讀之使人驚訝炫惑不置也。不獨此也、吾人更有奇異者，則馬哥能將其所見聞者逐一記載，條理清晰，若是才能，與其同時并生者，罕出其右也。馬哥畢生多與野蠻之韃靼人爲伍，未嘗學文而能記載清晰如斯，則誠天賦之資矣。其書因有差誤不確之點，故多年以來，學者皆視爲怪誕不經之談。所載城市及省區之名，多無稽幻想，虛構僞作，以余視之，亦猶一場幻夢也。』

(註一)賴麥錫此序作於威尼斯市，時爲一千五百五十三年(明世宗嘉靖三十二年)七月七日也。福拉克斯多羅亦死於是年。賴麥錫爲其亡友立像於拍都哇城(Padua)賴氏則卒於一千五百五十七年(嘉靖三十六年)七月也。

第三節　賴麥錫證實孛羅氏之地理。

賴麥錫之序文復曰：『雖然近百年來至波斯者，亦漸知有契丹矣。葡萄牙之航海家，旅行東北，經過金丑孫(Golden Chersonese)者，歸報印度省區及都市嶋嶼之名稱，多與馬哥孛羅遊記所載相同。又至支那者，與其地之人交遊，得悉有廣東城者，該國大城之一也，(依葡萄牙學者約翰巴羅斯 John de Barros 所著地理學)(二)位居緯度三十度零三分之二。海岸線趨向東北及西南，行約二百七十五哩，(Leagues)(約合中國二千餘里)此海岸線轉向西北。沿海有三省，一曰蠻子（Mangi），二曰才通（Zayton），三曰京師（Quinzai）。尤以京師[三]爲最大王居在焉。地位在北緯四十六度。再前行海岸線延長至北緯五十度。由此觀之今人於世界此區之發明，與馬哥孛羅所記載，多有相吻合者。余故取二百餘年前抄行馬哥孛羅遊記數本，不辭其勞，互相攷證，刊印以行於世。自謂詳細遠出他本，俾世之研究如斯高貴學問者，不致向壁焉。』

（註二）約翰巴羅斯之地理學，從未刊印。余於特嘉特（Decade）藏書樓迄不能覓得與此方相同之文。

（張星烺補註三）蠻子，才通，京師三地名，皆見於孛羅遊記本書卷二。蠻子乃指南宋；京師即杭州，宋之京城也；才通即泉州，又名刺桐城，以昔時城下都植刺桐樹而名。（見讀史方輿紀要卷九十八，福建五泉州府晉江縣下）。才通即刺桐之轉音也。

第四節　賴麥錫比較馬哥孛羅與哥倫布二人。

賴麥錫次取馬哥孛羅所記載之奇風異俗，與古代之傳言，及近今探險家如哥倫布（Columbus）與郭太斯（Cortes）之發明，互相參比，而爲下方之言曰：

『余讀同里先人之陸地探險，與哥倫布之海面探險，而生比較之心。陸地探險奇乎？抑海面探險奇乎？掃除偏袒鄉人之私心，純以公正心地評之，以余所見，則陸地探險，難於海道探險多矣。陸路旅行，道途遙遠，艱苦卓越，過沙漠，跋峻嶺，不獨行人須帶數月之餱糧，卽隨帶牲畜之草料，亦須帶行。其困苦之況，可以知矣。哥倫布之海道旅行，有西班牙王后爲之後援，艨艟巨艦，連結而行。所有需要之物，皆得載而同行。航洋約三四十日後，得遇順風，舉帆而至目的地。至若威尼斯人孛羅等，則須全年之功，始得過途間之沙漠及大江河也。其難易苦逸之相差，自不待智者而喻矣。更有一端，可以知至支那較至新世界行程艱苦，道里遼遠者，則孛羅氏三人，兩次橫過亞洲以後，全歐之人，無有敢復試行其道者（四）。若哥倫布發明新世界之翌年，卽有多數船舶，依其舊路而至西印度者。以至於今，則船舶往來如織，不可勝數矣。其地情況，吾人纖悉皆知。商務繁盛，貨物出入之數，卽距近咫尺之意大利、西班牙、英吉利相往來貿遷者，亦不是過也。』

（註四）顆麥錫謂馬哥孛羅等橫絕亞洲大陸以後，歐洲之人，無敢復試行者，實大誤矣。孛羅之後，由陸路至支那者，固不乏人也。（烺案參觀本書卷一第四十章附註，西洋古代關於中國之記載。）

第五節　遊歷家歸威尼斯後之逸話。

賴麥錫當時得有阿伯爾肥達（Abulfeda）之地理學，因而註解馬哥孛羅遊記中之序言全文至歸國後而止。賴氏至是又曰：

『當彼等之至家也，其情況猶之古代希獵神話中之由來塞斯（Ulysses）漂遊二十年後，始歸依殺喀（Ithaca）至家則里人無一識之者矣。孛羅等三人，離家多年，親戚等四方探訪，皆謂其已死多年，深信不復再返，葬身異域矣。乃忽返歸，莫不驚訝，疑信參半，不辨其爲人爲鬼也。長途遠征，艱苦萬狀，兼以多憂多慮，形容憔悴，沾染韃靼人之習俗，忘威尼斯之土語，操韃靼人之口音，衣韃靼人之服裝，粗陋襤褸。至里即返聖約翰教堂旁之故居。其遺趾今猶屹然存立也。其第於當時，固儼然高大雄偉，今人猶呼之爲百萬第（Corte del millioni）也。百萬第之名，昉於何時，讀余下章之文，即可知矣。至家則有其故戚移居於內，其戚見孛羅等衣履破襤，

容貌非昔，不信其爲舊親，拒其入室。蓋其戚等探詢四方，多以其久與鬼魔爲伍，葬屍異域，何得復回耶？』(五)

(註五)孛羅等至家時情形在本書之初頁有圖繪其當時情況。

『此事余幼時屢聞之於瑪耳辟羅 (Gasparo Malpiero) 先生，瑪君亦當世聞人，有令名，現年甚高，充元老院議官，德行遠播，心志光明。其居在聖瑪和亞河 (Santa marina) 畔，與聖約翰河 (Rio di S. Giovanni, chrisotomo) 交流處也，距百萬第，適在中途。瑪耳辟羅自謂此事嘗聞之於其父及祖，與鄰近他老人者。孛羅等初既見拒於其戚，乃心生奇計，使其親戚承認，鄉黨敬重，其計若何乎？觀下文可知也。』

『孛羅氏三人作大宴，將其親戚悉招至，至時三人衣紅緞錦袍，長及於地，自房門內趨出歡迎客人。紅袍曳地，乃當時人居家之服也。侍者取水，爲衆賓洗手，主人起更衣，衣復紅錦所製者，將其舊衣用刀裁裂，分賜侍者。既坐，稍食，主人等復起出更衣，衣乃紅絨所製者。歸入坐後，乃復將其二次所衣之袍裂而分賞侍人。席既散，主人又起更

衣，將絨袍分與侍者。此次所衣，乃與衆賓之衣無稍異。來賓莫不訝異焉。』(六)

(註六)此節初讀之似若怪誕無根，然嘗見盧白魯克氏(Rubruquis)所記蒙古風俗(見本書卷第二十四章附註)方知孛羅等所行者乃純粹韃靼行爲，故此節全文據爲信說可也。

『衣既分賞後，主人令待官退出。馬哥乃三人中年最少者，起入他室，取其初至家時所衣之陋服而出。三人取刀將邊縫割開，取出珍珠寶石無數，有紅者，藍者，又有如礦石者。光彩奪目，置於棹上，以示賓客。彼等仕於支那時，大汗甚禮愛之，所頒賞賜，多爲黃金。別大汗時，因歸途遙遠，行程艱難，黃金甚重，不便攜帶，故悉變買珍珠寶石，藏於服內，縫置奇巧，使人不疑。諸客展覽一過，無不稱羨，如迷如惑，啞然茫然，幾如置身王宮帝室者。至是乃皆承認其爲前此素封素貴之孛羅氏無疑也。因此親戚皆加敬禮焉。威尼斯市民聞之，無貴無賤，皆爭趨其第，與之行抱腰禮，探訪他方奇風異俗，表示其仰慕之忱況焉。對於年齒最長之馬飛(maffio)君，則舉之爲市鎮長官，當時最尊之禮也。少年則羣願與馬哥訂交，詢問契丹及大汗情形，馬哥皆能不憚煩瑣，溫厚接人，對於所詢，一一詳告，使人盡知。悉覺益於馬哥者不淺鮮也。有問大汗之財富者，馬哥好以百萬之數，以計大汗之歲入時，輒言黃金千萬，或千五百萬，又時告人以他地之富力，亦動以百萬計。因是里人加以渾名曰馬哥百萬君。(七)（messer Marco Millinio）此名余於本邦（即威尼斯自由市）之公牘書中亦曾見之，其聖約翰河畔之居宅，直至於今，人皆依然呼之爲百萬第也。』

（註七）賴麥錫言於威尼斯公牘書中，見有馬哥百萬君之名。余於上次遊歷威尼斯時，得米奴多教授（Prcfessor Minotto）之介紹，於大議會（Great Council）之日記中亦見有是名，因而撮記焉。（見下文第四十四節）

第六節　記馬哥孛羅之被擒於基奴亞人。

『孛羅等歸威尼斯後數月，基奴亞（Genoa）水師統將多利雅，（Lampa Doria）率戰艦七十艘來侵佔荀坐拉島。（Island of Curzola）威尼斯最高級長官，發令調戰艦九十艘，籌備抵拒之策。長官以馬哥勇略素著，任爲艦長。拔聖瑪克（St. Mark）守官丹多羅（Andrea Dandolo）爲大將，諸艦皆受節制焉。丹多羅有勇有德，素爲羣下所重，率艦隊尋基奴亞之船舶。兩軍戰於九月聖母祭日，吾軍（賴麥錫自稱賴亦威尼斯人也）不幸敗績，孛羅揮舟衝鋒，奮勇而戰，以衛祖國與鄉人，然以無救援，受創，卒被擒。遂與丹多羅同被縲絏，械送基奴亞大獄矣。』

『基奴亞人得悉馬哥之德行高尙，遍遊世界，於遠方之奇風異俗，皆能悉心攷究，故多來探訪，與之交接。不久人皆待以君子之禮，視若親友，不以囚犯視之也。基奴亞之達官貴族，亦多來探訪，贈獻物品。馬哥見人多欲知東方契丹及大汗情事，每日演講，幾於唇焦舌敝，且人有勸將所知者著爲一書，俾廣行當世，傳之後代。爲自已省時免勞之故，乃寄書至威尼斯，與其父乞將前此帶回之日記筆錄，送至基奴亞。既得後，復有基奴亞某貴人，每日至獄內襄助馬哥，用拉丁文以著是書，成馬哥畢生之大願。某貴人者（八）乃馬哥之至交，亦好聞天下四方之事者也。』

『基奴亞土語，難以文筆達之，至今其人猶多用拉丁文以著述，故馬哥之遊記，最初亦用拉丁文記載。以後抄本甚多，遂譯爲土語，遍傳意大利全境，流於後世，斯固著述者之本願也。』

（註八）此方謂基奴亞土語，雖以文筆達之之誹語，後世斯把多奴（Spotorno）極抗議之。

第七節　賴麥錫記馬哥之釋放與結婚。

『馬哥孛羅之被俘也，其叔馬飛（Maffio）與其父尼哥羅，（Nicolo）皆大憂慮。當彼等之在途也，嘗決議至威尼斯後，卽爲馬哥訂婚，俾遂抱孫之樂，亘萬產業，早得見有承襲之人。今事與心違，馬哥坐獄，不知何時得重見天日。又嘗聞人言，謂威尼斯之俘虜，在基奴亞者，基奴亞人使之坐獄，至短亦須二十年。果若是，則馬哥能否再生出，亦難於預知矣。其叔與父，多端設法贖償，亦歸無效。乃聚議使尼哥羅續娶他妻。蓋尼哥羅年雖高，而體則仍甚康健也。四年後得三子，長曰斯德芬奴，（Stefano）季曰馬飛，（Maffio）（與叔同名）三曰約翰。（Giovanni）不數年後，基奴亞之貴族，及全城市民，因尊視馬哥之故，乃赦免其罪，釋使歸里。至家見其父已有三子，馬哥天性孝悌，待三弟甚親愛。父勸之娶，從之，生二女，長曰毛拉他，（Moreta）次曰芳提那，（Fantina）唯卒未得子也。』

『後父卒，馬哥盡孝子之道，爲父鑿石棺以紀念焉。此乃當時最尊之禮也。至今威尼斯市聖羅連次（S. Lorenzo）教堂之前廊，進門之右手，猶見高棺屹立。棺有勒文，記聖約翰教堂信徒尼哥羅孛羅之葬身處也。其族之袖徽，爲心形，中爲淺藍色，邊爲白銀色。三鳥則爲黑色。其三鳥則俗名波雷鳥，（Pole）拉丁文曰格拉庫立（Gracculi）鳥也。依某書之舊聞攷，乃知威尼斯往時高貴之家，其衣皆有袖徽也。唯各族之袖徽，則皆互異不同也。（九）』

（註九）前段節譯孛羅氏衣上徽章各考據家所知亦稍有不同之處。一千五百六十六年，巴伯羅（Marco Barabro）著有威尼斯貴族氏譜攷一書，此書仍藏於西維科博物院（museo Civico）依巴君之書，則孛羅氏衣之徽章，其中爲紅色，邊爲黃金色。本書所取之圖即依此。唯威尼斯市斯德芬尼（S. Stefani）君，於余既取巴伯羅君之圖後，寄書於余，謂彼家曾藏有十五世紀時精巧抄本書一冊，記孛羅氏衣之徽章，其中白銀色，無邊色，三鳥爲黑色，而鳥嘴爲紅色，依三角形 ＊＊＊ 布置者。

第八節　賴麥錫記孛羅氏家族及其終絕。

『余（賴麥錫自謂）嘗攷孛羅氏之家史，有聖費利司（San Felice）人安得利孛羅（

andrea Polo）者，生三子，長曰馬哥，季曰馬飛，三曰尼哥羅。次子與三子即先至君士但丁堡後至契丹者。長子馬哥早卒。尼哥羅離家時，其妻已有姙，別後乃生一子，其妻因名之曰馬哥，紀念亡叔也。此子即著遊記芳名遍宇內之馬哥孛羅也。尼哥羅續娶妻所生之子斯德芬奴與約翰，皆無後。唯次子馬飛生五子與一女，女名瑪利亞（Maria）。五子皆無後，故瑪利亞於一千四百十七年時（明成祖永樂十五年）承襲所有其父及兄弟之財產。瑪利亞後嫁於此市聖斯太修（Santo Stazio）教會信徒阿梭脫萊維沙奴先生（Messer Azzo Trevisano）。瑪利亞生多梅尼科脫萊維沙奴先生（Domenico）。先生乃聖瑪克教堂守官，又爲本共和市之海軍總帥，勇略冠世。多梅尼科生馬哥安拖奴脫萊維沙奴（Marco antonio Trevisano），乃本共和市之市長也。（Doge）（在中世紀威尼斯及基奴亞二共和市，爲最高行政長官，猶之今世大共和國之大總統也，）（十）市長德行高尚，才能超羣，蓋多其父之遺性，與家教有方故也。』

（註十）馬哥安拖奴脫萊維沙奴於一千五百五十三年六月四日，被舉爲威尼斯共和市之市長，卒於次年五月三十一日。賴麥錫此方錯誤之點頗多，今且不必改正，待之以後第八章，再敘孛羅氏家史時，改正之可也。

『一千四百十七年馬飛之第五子，馬哥孛羅（著書者之侄也）死，無後，孛羅氏之男統遂絕。高貴素封之孛羅氏家史如是，蓋亦可藉以知人生富貴機緣，盛衰循環之大概矣。』

圖一

圖二

第二章　孛羅氏旅行時，東方各國情形大概。

第九節　小亞細亞情形。

孛羅氏之旅行，蓋起始於一千二百六十年（元世祖中統元年）時也。當斯時也，距蒙古撻伐歐洲兵役時代，已十八年矣。當其來時，如洪水氾濫，奔騰直瀉，莫之能拒。至是韃靼人之名，歐洲人耳中已漸變爲新奇，不若前此聞之色變矣。不獨此也，甚至有欲連絡利用，以抗拒世仇之回敎徒者矣。東羅馬之拉丁帝，仍擁虛號於君士旦丁堡，日薄西山，勢等奄奄。十字軍之後裔，仍割据敘利亞海岸，由安提阿克（Antioch）至甲發（Jaffa）一帶手掌之地。而其最大仇敵馬買劉克（Mameluke）朝已於埃及開羅首都，及敘利亞大馬斯克斯。（Damascus）城二地立根据地，堅不可搖矣。意大利各共和市商務上競爭猜忌日烈，威尼斯市於驅逐希臘帝（Greek Emperor）之役有功，故在近東一帶勢力興隆。愛琴海（Aegean）沿岸，基奴亞商人勢力大衰，幾於悉入威尼斯人之手。因是威尼斯之市長人上之尊號曰『羅馬帝國八分之三之主人』（Lord of Three-Eighths of the Empire of Romania）基奴亞亦非久屈居人下者，每歲造艦增兵，以圖恢復勢力。在敘利亞各港，二市皆有領地及建築物等。故二市之民在各港時聞血戰。埃及之亞歷山德港（Alexandria）爲印度百貨薈萃之地，故雖屆戰爭時期內，四方之人仍多奔往轉販焉。由波斯灣至裏海黑海海岸諸地，悉爲蒙古管轄，設驛立站，置官戍兵。駝隊往來，甚為便利，故亞美尼亞地中海及黑海濱諸港之商務日漸繁盛，大有競爭之勢。塔那海（或名為亞速夫海 Azov ）濱，尚不能成為商場，與以上諸地相並而語。威尼斯人在克里米亞（Crimea）等地、已有貿易，惟不盛茂，僅限於地方用品而已。其他敵人在此方似全無勢力者。基奴亞人之市場則於君士但丁堡之希臘朝重興後始隆盛也。

第十節　在亞洲及歐洲東部之各蒙古汗國情形。

亞洲全土、及歐洲東部，由波蘭邊界及斯干得龍海灣（Gulf of Scanderoon）東至黑龍江海岸及黃海濱，無蒙古人之許可，雞不得鳴，犬不敢吠。成吉斯汗所創造之大帝國名義上仍擁戴一大汗（Great Kaan）(十一)，為主而實則已為成吉斯汗四子，朮赤，察合台，窩闊台及拖雷之子孫所分裂，成數汗國，疆域廣漠，皆為大邦。諸汗之中，已有自尋干戈者。旭烈兀者，拖雷之第三子，蒙哥及忽必烈二大汗之胞弟，為波斯、巴比倫及美索波太米亞（Mesopotamia）等地之君主，形同獨立。旭烈兀及其子孫，於所鑄錢幣面上，皆自稱大汗。旭烈兀之國，鑿刻文，乃漢文也。後世子孫，亦卽襲用焉。伊康牛姆 (Iconium) 之塞爾九江大蘇丹，(Seljukian Sultan) 前此僭號爲羅馬（Rum or Rome）者，今則謹謹然奉伊兒汗 (Ilkhans) 之命，爲奴爲妾。亞美尼亞王海敦 (Hayton) 素與回教國爲仇，亦奉韃靼人之正朔，稱臣守職焉。

（註十一）本書前後，對於蒙古大帝國中之汗及大汗，用 Khán 與 Kaán 二字以分別之。阿拉伯及波斯人，書汗爲 خان，而大汗爲 قاان。前者用於韃靼酋長，不必專限於君主。今波斯及阿富汗二地，則用是字，以作先生尊長之稱。印度之回教徒及欣都斯坦尼 (Hindustanis) 族人之名字，其末尾多加汗字。(Khán) 至若 Kaán 字，則似爲 Khakan，卽古代東羅馬歷史家之 xaravos 之誤寫，乃用於蒙古最高君主者也。在波斯之蒙古主與察合台子孫等，雖有時 Khán 與 Kaán 二字並用，然終以前字 Khán 爲宜也。孛羅氏則以 Kaán 字加於大汗，而對於以下之王公，則不用汗 Khán 字，僅呼其名耳。如阿魯(Argon) 旭烈兀（原作阿老 alan）等是也。伊兒汗 (Ilkhan) 則旭烈兀及其子孫，在波斯自稱者也。其字或爲伊兒 Il 及汗 Khán 二字聚合所成。伊兒 Il 者，族 (Tribe) 或國之義也。Khán 及 Khakan 二字之關係，則後一字似若 Khán of Kháns，卽汗中汗之意。據史所載，成吉斯汗當時並未加尊號，至其子窩闊台乃始有尊號也。此說是否可信，尚未可依為鐵案也。上尊號之惡俗，乃國家衰敗之先兆也。汗字 Khan 之價值既衰，德梨王庭 (Court of Delhi) 乃造 Khán-khánán 一字，以加於國家之一高官焉。

亨利玫狄補注）美國羅志意 (Rockhill) 曰：「若汗 Rhan 之稱呼雖甚古，然實始於西歷五百六十年時突厥（土耳其）人種。是時汗之后稱曰可敦 (Khatun)，而汗則自稱曰伊兒汗。中國古代稱匈奴君長曰「單于」。此稱號至阿爾比魯尼 (Albiruni) 時，古大突厥人 (Ghuz Turks) 或突厥馬人 (Turkomans) 仍呼其君主曰「顏于野」(Jenuyeh)。勞林森先生 (sir Henry Rawlinson) 謂此即中國前漢書與周書所載單于 (Shan-Yü) 之轉音也。至於 Khakhan 一字，雖於梅南德 (Menander) 紀蔡馬庫斯 (Zemarchus) 出使書中有之，然西方著述家用此字者，余則最先見於一千二百三十九年時之芳提姆 (Albericus Trium Fontium) 氏之史記，將此字書作 Cacanus』。(W. W. Kockhill, Rubruck, p. 108, Note)

伯忽汗 (Barka) 者，朮赤之子，拔都汗之弟，乃成吉斯汗子孫中最先信仰回教者，王窩爾加河 (Volga) 流域。其首都薩雷 (Sarai) 乃其兄拔都所建築，初僅營壘，後則蔚爲大城也。

察合台（Chaghtai）之子孫，居伊黎河畔草地及藥殺河（Jaxartes）流域，治理古代康居國境（Sogdiana）諸富裕城邑。

海都（Kaidu）乃窩闊台大汗之孫。以祖曾繼成吉斯汗爲大汗，不肯承認大汗權位之移於拖雷子孫也。故終忽必烈大汗之世，數十年間，屢寇邊境，使西北一帶烽燧不息。海都所轄之地，約爲今之東土耳其斯坦（新疆）及西伯利亞南中二部。士馬强健，兵威頗振。因與察合台子孫所轄境爲近鄰，故得挾制之，使爲己用，反抗大汗焉。

忽必烈（Kúblái）大汗，乃成吉斯汗以後，大汗中之最賢能者也。登蒙古大汗之位，方不久焉。其兄蒙哥（Mangku）大汗征服中國西部，一千二百五十九年時卒於軍。蒙哥大汗未崩前，嘗有意自蒙古大沙漠北鄙之喀拉和林（Kara Korum）遷都於新征服境域稍東人烟稠密之地。至是忽必烈大汗乃實行遺命焉。此舉行後，不久蒙古大汗乃同化為中國皇帝矣(十二)。

(註十二)拍萊甯 (Parenin) 氏謂支那者，乃大海也，百川之水，流歸後，皆變為鹹矣。蓋謂歷代外國人入主中國者，輒含其固有之風俗，言語，文字，而同化於中國也。

第十一節　中國情形。

中國北部數省，脫離本國之統治權下者，幾三百載。此數省先後歸外國人朝代治理。最初則契丹，(Khitan) 為松花江流域人種，或謂與通古斯族 (Tunguses) 相近，然尚有可疑之點焉。契丹朝約存二百年，彊域廣遠。由之而起 Khitai 或 Khata 或 Cathay 之名。中央亞細亞諸國稱中國以是名(契丹)者，幾於千年之久。後世人由中央亞細亞得悉中國者，亦沿用契丹之名焉(十三)。

(註十三)俄國至今猶稱中國為契丹 (Khitai) 也。契丹與馬秦 (Machin) 或支那二字，皆同為中國之稱呼，亦猶古代羅馬時之賽里斯 (Seres) 及秦尼 (Sinae) 二字，同為中國之稱呼也。賽里斯 (Seres) 乃東方大國之名稱，由陸地傳來者，秦尼 (Sinae) 則由海道而得。古代多疑為非同一地方者，謬甚矣。契丹之名稱，亦由陸地西傳，而支那（China）之名，則由海道而至，初亦疑難百出也。

（張星烺補注）蒙古遊牧記卷七何秋濤引博明西齋偶得曰，蒙古呼漢人爲契塔特，蓋蒙古初爲忙古部，越在大漠北，至後五代時，始通中夏，惟時燕雲十六州，皆屬契丹，故以遼國名稱之，較其世次，尙在朱里眞未以金號其國之前。』

契丹，朝中國史書稱之爲遼，鑌鐵之義也。遼朝於一千一百二十三年時，爲朱里眞所滅。朱里眞，卽女眞族，（Chūrchés or Niu-Chen）亦東韃靼之一部落也（十四）。與今之滿洲同一血統。當其盛時，中國人稱之爲大金朝，蒙古人呼之爲阿勒擅汗（Altun Kaans）阿勒擅，亦金之義也。成吉斯汗時，支那北方數省，中都或名燕京（卽今北京）等地，皆已歸服蒙古，至一千二百三十四年，窩闊台繼大汗之位，承遺命而金朝乃全亡矣。

（張星烺補注十四）蒙古遊牧記卷七何秋濤引博明西齋偶得曰，遼爲契丹，金爲女直，契丹本音乃契塔特，女直係由女眞，女眞由朱里眞迭改，其本音乃朱里扯特，見元秘史，蒙古文，今蒙古人猶以是呼之。』

中國南部，仍歸本地人之宋朝管轄，建都於今之杭州府大城也。宋之疆域，是時仍未被侵蝕，然忽必烈圖宋之心，蓄之已久，其後卒爲征服，乃大汗在位征討事業中，最大偉績也。

第十二節　印度及印度支那情勢。

孛羅氏客居東方二十餘年之間，印度最强之王爲德里（Delhi）大蘇丹，那錫烏丁摩哈美德（Narsir-uddin Mahmud）大蘇丹亦突厥族，伊兒鐵米須（House of Iltitmish）朝之帝也。身毒（Sind）（北印度）及孟加拉（Bengal）一帶，皆臣服之，惟南印度半島則訖未歸化，北鄙則蒙古軍時時越印度斯河入寇，羽檄之書紛至，故大蘇丹無暇爲征討南方之謀也。以是南印度達羅毘荼（Dravidian Kingdoms）諸王國，（名見大唐西域記）始終未爲異族侵優，數世之間，廟宇府庫之中，貯蓄金銀無算，似若爲將來蒙古外寇而積者。

印度支那半島及南洋羣島諸地，有國甚衆，朝代或興或廢，吾輩所得知者甚微。唯國家豐富，美術學頗高尙，較之此土現在之情形爲優，則吾人可斷然也。觀於緬甸之拍干（Pagan）暹羅之愛魚的亞（Ayuthia）柬埔寨（Kamboja）之安郭（Angkor）爪哇之波羅波獨（Borobodor）與拍拉姆巴南（Brambanan）等地現在所有大建築之遺址，則皆爲十二世紀至十四世紀時間之物，卽可知矣於此時代，歐洲各邦及亞洲諸地皆有無數雄偉建築，幾於全大地上之人類至是建築學之靈悟悉始開發者。

以上所言各地之建築，多受印度影響，然亦自有特殊及普通之特色者。

圖三

一千二百四十三年小亞美尼亞王海敦之簽筆

第三章　孛羅氏家譜及旅行者之個人歷史，至歸自東方爲止。

第十三節　傳說之孛羅氏源始。

尙古之世，無確實記載可稽，故一國之歷史與一家之系譜，多依神話與幻想爲憑。

孛羅氏之始祖事蹟，亦不脫此例焉。威尼斯市攷古家謂古代維奈圖斯王（King Venetus）或脫勞耳（Troy）王安台奴（Prince Antenor）移居阿德利亞海（Adriatic）北岸時，有臣名魯修斯博魯斯（Lucius Polus）者，即吾等所知大旅行家孛羅氏之始祖也。或謂威尼斯市之第一代市長保羅（Paulus Lucas Anafestus of Heraclea）（西歷六百九十六年時人）即其始祖也。

威尼斯市之姓氏歷史，稍爲可据，謂孛羅氏於十一世紀時，由答耳馬西亞（Dalmaltia）（今奧國濱海之一省）之塞本尼可（Sebenico）地方，移居於威尼斯市（十五）。十一世紀末葉，孛羅氏有爲威尼斯市大議會議員者。一千九十四年時，有多梅尼科孛羅（Domenico Polo）者，曾蒙賞。一千一百二十二年時，市長米西雷（Domenico Michele）嘗有令赦彼得孛羅。一千一百五十三年時，市長毛羅西尼（Domenico Morosini）及其議會，有解除多梅尼科孛羅職務之文，令遺留後世也。然此等傳言，亦未可依以爲据也。

（註十五）馬哥巴白羅（Marco Barbaro）之姓氏攷曾謂一千三十三年爲孛羅氏移至威尼斯市之年期，然巴白羅氏究何所据，則不可知矣。

克白拉里（Cappelari）及巴白羅等皆爲市長毛羅西尼之會議議官也。一千一百二十五年及一千一百九十五年時，托賽洛（Torcello）地方舊公牘中見有孛羅氏之名，又於愛葵羅（Equileo）地方，亦見有孛羅氏之名。一千一百七十九年及一千二百零六年時，里多馬基耳地方（Lido maggiore）亦見之。一千一百五十四年時，里亞陀（Rialto）地方有馬哥孛羅之名，同時在僑支亞（Chioggia）地方亦有孛羅氏名，（一千一百三十九年，一千一百八十三年，一千一百九十三年，一千二百零一年。）

大旅行家孛羅氏之信確歷史，僅至十三世紀初葉其祖之時方得知也。

是時孛羅氏分二枝派而居，一在聖蓋來米亞（Geremia），一在聖肥立斯（S. Felice）二處教區不同。聖肥立斯有安得利亞孛羅（Andrea Polo）者，生三子，曰馬哥，曰尼哥羅，曰馬飛。尼哥羅卽著遊記者馬哥孛羅之父也。

第十四節　孛羅氏是否素來貴族攷。

旅行家之孛羅氏，是否爲威尼斯市素來之貴族，爲充議會議員及留芳名於都羅大圖書館（Libro d'oro）之孛羅之子孫，直至於今始得確證焉。賴麥錫謂馬哥孛羅爲高貴素封之家，羅斯梯謝奴爲筆述馬哥孛羅遊記之人，亦稱馬哥爲威尼斯市貴人。然賴麥錫與羅斯梯謝奴二君記載，亦未可全信也。最近嘗與專攷威尼斯市古籍之人談論是事，始知馬哥當時確有求爲貴族之事，經大議會正式議決，法庭判許，馬哥得貴人（Nobilis Vir）之稱號。若非馬哥爲當時新產出之貴族，則公牘中斷不若是稱呼之也[十六]。

（註十六）初有謂覓得馬哥爲大議會議員之手書者，繼詳審之，始知有誤。讀下文第四十七節之最後一註，即可知矣。當是時威尼斯市貴族與非貴族之界限，幷不甚明。全市之民皆經商，視同平等，無寨壘封域，或勇士等。然查獲昔時之膠說，得知馬哥之貴族稱呼乃新產者，而非素有者，亦未始不無興趣也。

第十五節　老馬哥（著書者之叔父）之歷史。

聖肥立斯教區安得利亞孛羅之三子，以馬哥爲最長，而馬飛爲最幼[十七]。嘗披攷證据，似可信焉。三子皆經商，與他人合資爲焉。牛意雖在二弟旅行東方以後，猶爲興旺也[十八]。

老馬哥似復於君士但丁堡勾留若干時後，至克里米亞之索耳對亞立行站。一千二百八十年時，老馬哥之子尼哥羅及女媽落克（Maroca）皆僑居索耳對亞焉。老馬哥前在威尼斯時，卽將臨終遺命書成，至是年乃宣布之。蓋其身至是乃不復堪勞動矣。此後老馬哥延命至何時，吾人則無從稽攷矣。

（註十七）老馬哥在三子中爲最長，乃依据賴麥錫之說者。然賴氏亦嘗言馬飛長於尼哥羅，但依老馬哥之臨終遺命文，嘗三次將尼哥羅之名置於馬飛之前，則似乎尼哥羅年長於馬飛矣。

（註十八）老馬哥之營商興旺，於其遺命文中得知之。

第十六節　尼哥羅及馬飛起始旅行。

尼哥羅乃三兄弟中之仲者，氏有二子，長曰馬哥，卽著書者，生於一千二百五十四(十九)年。（宋理宗寶祐二年）次曰馬飛，在孛羅氏家史中之地位，下文將有數語及焉。其旅行史起始於一千二百六十年。（宋理宗景定元年元世祖中統元年）尼哥羅及老馬飛僑寓君士但丁堡之時，離威尼斯故里究若干年，則不可攷矣。尼哥羅則留其妻於家，而老馬飛則尚未娶也。是年兄弟二人，爲營商之冒險至克里米亞，由該處復因他種原因及機緣，而再向北行，至窩爾加河畔；由窩爾加河而至布哈拉，由布哈拉而至遠東忽必烈大汗之庭，是處蓋近古代契丹國之境矣。契丹乃亞洲之極東大國，自昔文明，固不待孛羅氏等始知之。即一千二百四十六年（蒙古定宗元年）時，高僧勃拉奴喀劈尼（Plano Carpini）與一千二百五十三年時（蒙古憲宗三年）高僧威廉魯白路克（William Rubruquis）二人，皆已詳言矣。二僧雖皆未履契丹疆土，然在蒙古大汗庭中時，嘗遇契丹之人，而與之交接矣。威廉魯白路克則尤敏捷，謂所交接之契丹人，即古代歷史所稱之賽里斯（Seres）人也。

（註十九）著書之馬哥孛羅，生於一千二百五十四年時，可無庸疑，所有舊寫本皆謂馬哥於一千二百六十九年時，其父歸威尼斯後，年已十五歲矣。

第十七節　與忽必烈大汗之交接

忽必烈大汗自昔未嘗見有歐洲之士人，故見威尼斯市之二君子，聞拉丁諸國情形後，甚悅之，乃使孛羅氏兄弟二人爲大使，朝中某官爲扈從，持國書往謁羅馬教皇。

書中大旨，無非欲請教皇多遣高僧來其國傳布基督教而已。大汗之爲此舉，非因其心中有宗教之信仰，僅因見威尼斯二人之彬彬然君子氣概，復聞歐洲文教，較之東方墮落基督教徒爲高美，或可使其沙漠中之臣民蠻野粗陋性質，略爲柔和，得進開明而已。惜乎！羅馬當時未能應其請求，傳播基督教之好機緣，交臂失之，致使忽必烈大汗，以後乃轉其恩眷，以優禮西藏之喇嘛教也。

第十八節　孛羅氏兄弟二人歸國及馬哥出現。

兄弟二人，持大汗使命西歸，於一千二百六十九年（至元六年）四月抵叙利亞阿扣港（二十）(Acre)得悉前教皇克來孟第四世 (Clement IV) 於去歲已崩，新教皇尚未舉定，羅馬暫時無教皇，故二人乃決心至威尼斯市故里。客於異域多年，至家則尼哥羅之妻已久離人世，所生之子馬哥年已十五歲，英資卓犖，非凡童也。

（註二十）巴爾德利 (Baldelli) 及拉薩里 (Lazari) 二君見瑞士京都伯恩有馬哥孛羅遊記舊寫本，謂孛羅氏兄弟二人，於一千二百六十九年四月三十日抵阿扣港。然所指日期定有誤也。

余嘗博覽羣籍，及諸家寫本，可據之信史，皆僅不過如此而已。唯有數家所說，較此稍有出入焉。如劈劈奴（Francesco Pipino）乃孛羅氏同時之人，其拉丁文之遊記譯本及以後間接依此翻印之本，則謂尼哥羅離威尼斯時，馬哥實尚未生，故至一千二百六十九年時，父子始相見也（二十一）。

（註二十一）劈劈奴所言之外，賴麥錫又謂母氏之死，實因產生馬哥之故，但未可據以爲實也。

余前已言尼哥羅孛羅尚有他子，名曰馬飛，亦法律上所認定者也。其年幼於馬哥，因其叔父老馬哥遺命文中，將馬飛之名，置於馬哥之後也。二子是否同母，則不可考矣。若以劈劈奴之譯本爲確實，馬飛之年幼於馬哥，則二人必非同胞矣。劈劈奴之譯本而不可信，則尼哥羅一千二百六十年前，斷不能至東方，馬飛或與馬哥同母，生於一千二百五十四年至一千二百六十年之間也。若仍據劈劈奴之本，則馬飛（其名見於一千二百八十年叔父遺命中，斯時其父第二次在東方）乃尼哥羅初次歸里重婚妻所生者。尼哥羅初次歸里，留家幾二年，考其時乃由一千二百六十九年至一

圖四

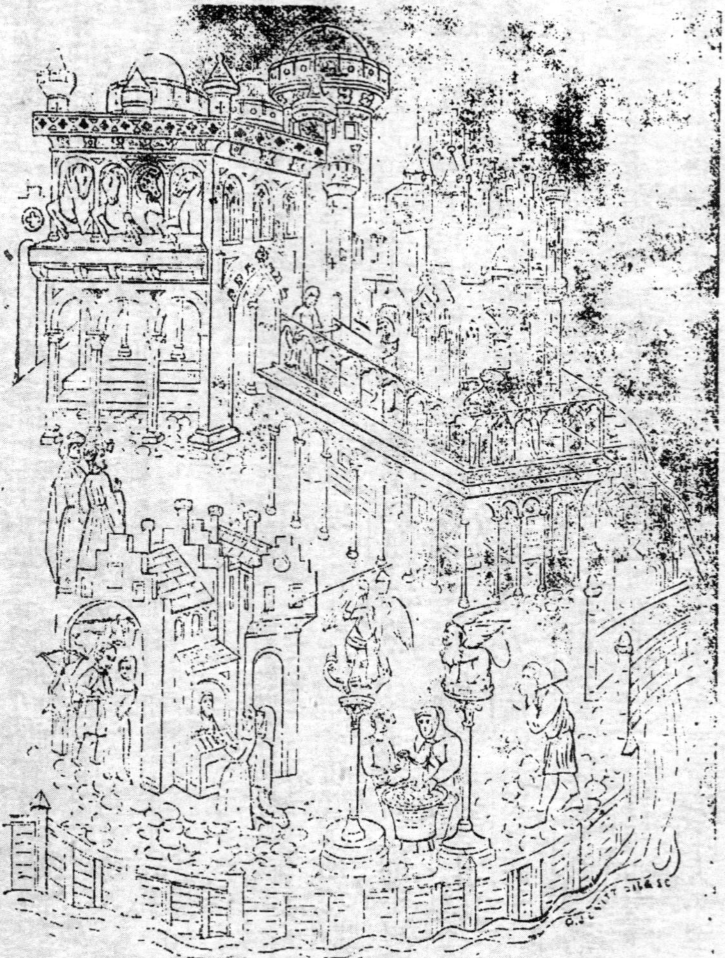

千二百七十一年也。[二十二]

（註二十二）末段之推測，與西谷那（Cicogna）所言者，大概相符。

此事甚有趣。蓋少馬飛之遺命文，現在尙存。其中有分遺產於母舅佐登脫萊維沙（Jordan Trevisan）之語，故余以爲其母必脫萊維沙氏之女也。少馬飛有女名菲得里沙（Fiordelisa）。老馬哥之遺命文中，（一千二百八十年）謂於其兄弟不在家時，指定佐登脫萊維沙及弟婦菲得里沙，（脫萊維沙氏乎？）爲執行遺命之人。故余意此弟婦菲得里沙，卽遠離家鄉之尼哥羅之妻，少馬飛之母也。若如是，則馬哥及馬飛乃異母昆仲也。關於尼哥羅一千二百六十九年時之重婚，羅馬巴拜里尼圖書館（Barberini）藏有威尼斯市孛羅氏逸話視，此略有出入焉。其文與本書序言第九章末段所言者相同，故余信劈劈奴氏所言馬哥誕生事，乃誤譯也。

第十九節　孛羅氏兄弟第二次旅行，攜馬哥偕行。

教皇法座之虛懸，自黑暗世紀（Dark age）以來，未有如是之久者。前教皇死後二年餘，而維泰波（Viterbo）地方之大僧正等，尙各持已見，不能一致，以致教皇久不能舉出孛羅氏兄弟一則不欲大汗疑其不忠二則東方新至之地富貴機緣不可失，故決再東行攜馬哥與俱焉。至阿扣港有烈日（Liège）地方大僧正台大爾多維斯康梯（Tedaldo Visconti）者，遊記本書謂爲教皇派駐叙利亞使節。語雖不甚的當然台大爾多君，有權有勢聲名著於當時則無疑也。孛羅氏兄弟就商於台大爾多，請作書致大汗證明使節無功實由無教皇之故，非彼等之過也。持書復東行至斯千得龍灣頭之阿雅斯（Ayas）港。港甚興旺，是時已成爲亞洲內地貨物來往中心點之一矣。初至港彼等即聞新教皇已舉定，即其友人台大爾多也。急旋阿扣港參見之。大汗之使命，乃終得回答矣。台大爾多即教皇位，改名曰格里哥利第十世（Gregory X）。忽必烈大汗國書，請科學及宗教教師百人，新教皇未能應命，僅給多密尼根聖會（Dominicans）僧徒二人而已。此二人者，旅行不久，聞前程艱苦之狀，即膽落神泣，復歸回矣。

由各種事實考之，此三威尼斯人第二次離阿扣港，約於一千二百七十一年（至元八年）

十一月時也。前行至阿雅斯港，錫瓦斯港，（Sivas）經馬丁，（Mardin）毛夕里，（Mosul）八吉打（Bagdad）各城，而至波斯灣口之忽里模子城。（Hormuz）欲由此航海往中國，唯船舶不堪航海之用，因此阻碍不得行，乃棄前計，復由忽里模子城，(二十三)轉向北，經起兒曼，（Kerman）呼羅珊，（Khorasan）巴里黑，（Balkh）巴達克山（Badakshan）等城，登彭家（Panja）或鄂格速斯河（Oxus）上流，而至拍米爾高原。考此路綫自此三威尼斯人旅行後，明末白乃狄克脫戈愛斯氏（Benedict Goës）一人外，歐洲之人無復履其境者，直至一千八百三十八年，印度海軍大尉，約翰吳德（John Wood）始重勘其境焉。(二十四)過拍米爾高原後，孛羅氏三人至喀什噶爾城。（Kashgar）由是復經葉爾羌，（Yarkand）及和闐，（Khotan）羅布泊疆界，（Lobnor）橫越大戈壁，而至唐古忒境。唐古忒者，乃蒙古及波斯人統稱支那西北極邊，長城內外諸境也。繞支那北鄙，三人終乃至大汗之庭，得瞻天顏。大汗是時方駐蹕於開平府避暑行宮焉。開平府位於興安嶺之麓，距張家口萬里長城將百英里焉。所有各家之遊記本書皆謂此行共須時月三年半，若無訛誤，則孛羅氏三人至大汗之庭，約爲一千二百七十五年（至元十二年）五月盛暑時也（二十五）。

（亨利玫狄註二十三）陸軍少佐薛克斯（Sykes）君著波斯一書，頗享盛名。其書第二十三章二百六十二頁至二百六十三頁，關於孛羅氏此次行程，與亨利玉爾先生之意見有不同焉。其言曰：

孛羅氏二千二百七十一年第二次大旅行，亨利玉爾先生於其導言之第十九頁，謂孛羅氏經錫瓦斯而至毛夕里及八吉打城，復由是而至忽里模子。此說鄙意甚與相左，原因蓋有數焉。一則苟如玉爾先生之說，馬哥孛羅曾遊八吉打城，則其遊記中所言之窩爾加河，豈梯格利斯河（Tigris）之誤乎？更有忘八吉打名城而不言之理乎？或謂馬哥孛羅亦信前代地理家之謬說，謂窩爾加河流經地下，至曲兒忒斯坦（Kurdistan）乃復現於地面者。然若詳讀遊記本書及亨玫馬哥孛羅生平性情，則此事自非旅行者從未至其地當無他解說矣。

二則報達（Baudas）（名見劉郁西使記，卽八吉打也）城建築物頗爲特別，而遊記並未記載，然此或有遺漏，不足以難玉爾先生。唯遊記本書謂有大河貫流市中，商人自報達下行十八日，而至怯失城）

Kisi 今名爲卡斯 Keis在林加島附近)再抵印度洋。若馬哥孛羅曾親至波斯灣頭，必不致記事如此之謬誤者。致其故，蓋必途中遇商人，得之傳聞者也。

三則八吉打城，自陷落後，商務衰頹，駱駝隊商已不往其地。馬哥必由野司特 (Yezd) 城東行，更轉南而至忽里模子，謂其路程復向後行，則更不近理，故威尼斯三旅行者，必由塔伯里次城（Tabriz）進波斯境，而至孫丹尼牙（Sultania） 柯傷（Kashan）及野司特，由野司特更行而至起兒曼（Kerman）及忽里模子。船舶不堪航海之用，遊記本書謂爲苦事，故乃改從呼羅珊之道也。歸自中國後，乃重遊忽里模子城，其所扈送之科克淸公主，（Lady Kokachin） 或亦從舊路而至塔伯理次城，嫁於合贊汗。（Ghazan Khan）合贊汗者，科克淸公主許配之阿魯汗(Arghun Khan）之子也。亨利玉爾先生以後或者亦承認余之主張，故於所繪之馬哥孛羅當時地圖，其行途路綫，不及於八吉打城也。

亨利攷狄案馬哥孛羅東行時，八吉打城駝隊商業，尚未全墜。陷落後，古代隆盛狀況，未遽全喪。觀於十四世紀初葉猶盛，概可知也。討來思 (Tauris) 城，於孛羅氏初次旅行時，其興旺情形，尚未達其歸途時之狀也。威尼斯人彼得維格連尼(Pietyo Viglioni)亦嘗至討來思，一千二百六十四年十二月十日，有臨終遺命文成於居留討來思時者。文中有彼在該處，猶之初闢草萊之人之語。蓋討來思之興盛，爲外國人之貿易場，乃於阿魯汗在位時，（一千二百八十四年至一千二百九十一年）始見之。馬哥孛羅歸途時，甚奴亞人在該處貿易尤盛。讀其遊記本書即可知矣。合贊汗時，討來思築新城，乃大盛，爲歐洲至波斯及遠東貿易之第一大市場矣。亨利玉爾先生幷未改其當初之意見。至於所繪之馬哥孛羅當時地圖，其行途路綫不及於八吉打城者，乃繪圖人一時之漏忘，非有意改之也。

（註二十四）腦曼（Neumann）謂印度海軍大尉約翰吳德嘗抱探險鄂格速斯河流域各省之志，以備研究馬哥孛羅遊記關於此地諸章之用，然惜乎吳德卒未能竟其志也。拍米爾境則於本書付印之時，福爾錫斯先生（Sir Douglas Forsyth）遣陸軍大佐戈登及他軍官等，詳探諸地，故亦未得採用也。（按此爲本書第一次出版時之語）

（亨利玫狄補注）以上所言之諸探險家著作，於本書第二次出版時，皆經取用矣。

（註二十五）孛羅氏至開平府所須之時期三年半，乃由威尼斯起程，非由阿扣港也。若由阿扣港，則須早半年矣。然早半年其時期當爲十一月，忽必烈大汗必不居於開平府（又名上都）也。

第二十節　馬哥孛羅蒙忽必烈大汗之擢用及其出使紀程。

忽必烈大汗召見威尼斯三人，心甚悅，待年幼之馬哥恩眷尤爲隆渥。馬哥是時年已二十一矣。學習大汗國語，及歸其統治權下之各國語言文字，進步頗速。不久，大汗見其才具卓犖，從事謹愼，乃漸加任用於國家差役矣。鮑梯 (M. Pauthier) 覓得中國元史某篇載有一千二百七十七年（至元十四年）時孛羅氏某君被任爲樞密副使之文。余亦信元史該節所載之孛羅，即年幼之馬哥孛羅也。

馬哥最初次之出使，乃向西南行，道經山西陝西四川及西藏東部蠻荒之境，而至雲南。蒙古人當時稱其地曰哈喇章，其一部爲忽必烈大汗於一千二百五十三年未卽位前，親統兵征服者。(二十六) 馬哥在汗庭時，悉見大汗悅聞遐方海外之奇風殊俗，瑰瑋絕特之產，怪異詭僻之物。又見前此使臣歸回復命，大汗垂詢他事，多有未知，不能稱旨，是以大汗時有譴言，責諸臣愚拙，於使命以外，不加留心也。故於出使時，對於沿途奇事，無不一一筆錄，刻意求詳。歸覆命時，窮極心技，以奏達天聽，揣摩汗心，以博其歡。初次使命所經之地，爲西藏東部高山深溪之谷，多數江河，貫流其境。雲南貴州邊鄙之疆，山道至爲崎嶇。其地雖至於今，猶爲一人種大博覽園，苗蠻雜處，各種皆俱文明程度，至爲不齊。有已進於開明者，有仍保其上古混沌草昧之生活者。奇卉珍品，與不可思議之風俗，馬哥皆得滿賞眼福，歸奏大汗，以悅其心也。

（註二十六）西南行程，爲馬哥初次使命。賴麥錫之本，謂之者是。雖或爲編譯者憶想之詞，然吾可斷定其爲眞確也。馬哥孛羅此次之旅行，實爲至緬甸邊境（永昌）者。行路共須　百四十七日，若加以沿途逗留，則此次行程，約略爲六閱月也。由各事攷證之，孛羅雲南之出使，其時期當在一千二百七十七年（至元十四年）至一千二百八十年（至元十七年）間也。依中國史書，謂一二二百七十七年時，元兵與緬甸人大戰於永昌。孛羅遊記，亦曾載之。故定其最早期，不得在一千二百七十七年前也。忽必烈之子芒阿剌(Mangalai)（元史舊作忙阿剌後改莽噶拉木），治京兆府（西安府）卒於一千二百八十年。孛羅亦記之，惟未言其死，故定其至後當在一千二百八十年之前也。

馬哥由是膺榮寵。忽必烈大汗信任日深，屢次奉使遠方，簡任爲地方行政長官，據顯要，唯皆不得其詳而已。嘗爲揚州宣慰使三年。此職雖不甚高，而攷据家認爲與當今大省之督撫相同，則誤矣。然宣慰使固非卑職也，揚州自古繁華地也。馬哥與其叔馬飛同居唐古忒境之甘州一載。馬哥似亦嘗往蒙古大汗之舊都喀拉和琳，遊歷若干時者。又嘗在交趾支那南部占城貢臘（Champa）等地。末次奉使至印度洋諸國。嘗遊歷印度南部諸國。迭次奉使，其父與叔，是否同行，則不得而知矣（二十七）。孛羅氏嘗助大汗，製機礮，攻陷襄陽城事蹟亦載於遊記唯於孛羅氏之年譜中難得其一定之期耳。孛羅氏之財產，在中國多年，亦與時俱增。離家已久，大汗春秋已高，百歲後，身命財產，懼有危險，故時慊慊思歸，俾保首領以沒。大汗聞其有西歸之說，則輒拒之。終乃佳緣至吾等之旅行家得重歸里中，世紀之黑羅多都斯（Herodotus）（古代希臘歷史家之始祖）不致與草木同朽，無名稱於後世矣。

（註二十七）馬哥迭次出使，其父與叔，是否同行，皆不得知。唯旅居甘州，某書謂孛羅氏三人爲私事，故皆在焉。爲何私事，則書不載也。又某書謂僅馬飛與馬哥二人爲奉使事而往甘州者。

第二十一節　孛羅氏得離大汗朝庭之佳緣。

波斯阿魯汗者，忽必烈大汗之侄孫也。於一千二百八十六年（至元二十三年）時，可敦卜魯罕（Khatun Buiughan）薨。卜魯罕乃阿魯汗最愛之妻，臨終時遺言謂後繼皇后，必須於其同姓蒙古伯岳吾（Bayaut）（名見元史后妃表）部落內物色之。阿魯汗遵遺言，遣大使至汗八里（Kaanbaligh）（汗城即北京）大汗延求之，大汗應其求，乃擇科克清（Kokächin）公主配之。公主時年方十七，美而艷。由北京至塔伯里次之陸道，路途遼遠，艱苦異常，不宜於年稚而嬌之公主，且戰爭阻途，大使等乃擇海道而往波斯。韃靼人不善乘舟，大使等嘗交接威尼斯之三君子，知其閱歷諸國甚多，故欲使為嚮導同行。且是時馬哥方歸自印度覆命，波斯大使乃奏求此三佛郎機（Firinghis）人為扈從。汗心不怡，終乃許之，大為治裝，復繕圖書數通，使孛羅氏攜帶，贈與歐洲各國君主，內有致英吉利國王者。大使及孛羅氏等，似於一千二百九十二年春由才通港啟帆者。（才通港乃當時西方人稱福建之泉州者注見第一章）沿途行程，頗不吉順，勾留於蘇門塔臘海岸及印度南部頗久，閱時二年，乃得達波斯目的地也（二十八）。然本書遊記數章，因此乃材料大增，讀之益覺有彩色也。威尼斯之三君子及科克清公主，經此二年長途遠征，漂泊海上，皆得慶更生。三大使中已死其二，僅餘一人（二十九）。隨從人員，亦多葬身海底矣。科克清公主，待孛羅氏等，亦極盡禮。阿魯汗於彼等未離中國時已崩（三十），皇弟凱加圖（Kaikhâtu）攝政，科克清公主乃嫁於其子合贊汗。（Ghâzan Khan）有遺老知悉二汗者，謂阿魯汗乃當世最美之男子，而合贊汗則其族之最倭小，踽僂不莊嚴者也。身軀關係以外，則科克清公主改嫁，乃最嘉幸之事也。合贊汗多謀足智，善用兵，有軍人精神。治國有法，規模宏遠；爲君有大度，多所成功。惜乎在位不久，不得成其芳名於後世也。

（註二十八）波斯之歷史載，科克清公主實於一千二百九十三年（至元三十年）至一千二百九十四年之冬間，至波斯北境。由中國至蘇門塔臘，共行三月，留該處者五月，其餘之程須十八月，共二十六月。所有記載，皆語焉不詳，欲求確實攷据，依以下推算，可略知其大概矣。一千二百九十二年（至元二十九年）正月，由福建放洋，四月至蘇門塔臘。因西南孟素風期將近，難於渡孟加拉海股之故，乃逗留該處五月。閱至秋季九月，始復前行，停泊於錫蘭島，加異勒（Kayal）及印度西部諸港。在加異勒或塔納（Tana）港停留，以待一千二百九十三年西南孟素風期之過，乃更前行，而至波斯灣。該年冬至忽里模子城。次年春三月，抵波斯阿魯汗之子，合贊親王之寨。自中國起程，至是共爲時二十六閱月。哈姆（Hammer）謂一千二百九十四年三月，科克清公主始抵波斯。此期未免太遲，然哈姆果何所憑據而云，余實不能知焉。在蘇門塔臘逗留五月，必爲西南孟素風之故，可無疑也。若將抵波斯之時期提前，則孛羅氏所記載之年月，全難於恃矣。或者遊記本書序言第十八章所言之十八閱月，包在蘇門塔臘勾留五月於內，亦未可知也。苟如是，則彼等當於一千二百九十三年十一月至忽里模子城，再一月或二月後，乃至合贊汗之寨也。

（註二十九）法文原書，爲鄙人此譯之底本，謂大使等航海時，水手以外，扈從之人，共六百名。及至，生者僅餘八人而已。又舊鈔本，有謂抵波斯後，生者尙餘十八人也。

（註三十）阿魯汗薨於一千二百九十一年（至元二十八年）三月十二日。

第二十二節　由波斯歸威尼斯及故里親戚之態度。

威尼斯三君子於路途奉侍公主，頗盡小心。離公主時，公主爲之揮淚。科克清公主爲皇后不久即卒。孛羅氏等至塔伯里次城，逗留頗久，乃復前行歸里。依各家所考，至威尼斯市約於一千二百九十五年（三十一）（成宗元貞元年）之時也。（三十二）賴麥錫所敘孛羅氏歸里時情形，其親戚對待情形，及彼等取信親戚情形，得威尼斯社會上任用情形，前此已言之矣。吾人讀此，幾如讀天方夜談中之奇事異聞也。親族中老馬哥，死已久矣。(三十三)馬哥（著書者）之弟，馬飛尚在。又有從弟肥立斯孛羅（Felice Polo）及其妻菲得里沙之名，亦見之載籍。唯二人在孛羅氏家族中，究佔何地位，則不得知焉。尼哥羅卒於十三世紀末終時，有二子，斯德芬奴（Stephano）及桑尼奴（Zanino）皆私生子，法律上未承認者。此二子或為孛羅氏久居契丹時，與某婦有秘密關係所私生者。馬哥孛羅於其遊記本書之序言中，在旅行隊內，并未提二子之名者，蓋亦人情自然也。(三十四)

（註三十一）所有年代時日多謬誤難信，即馬哥歸里時日一端，鄙人亦多所懷疑。馬哥口述遊記時，已言合贊汗登波斯皇位之事。詳攷歷史，合贊汗實於一千二百九十五年十月始登波斯皇位，而馬哥則謂為一千二百九十四年，早於其歸里一年，實不可解也。孛羅氏三人歸里時，或於君士但丁堡小作勾留，黑海北岸或亦曾涉跡。否則欽察國當時之事，馬哥由何而知之耶？馬哥離威尼斯市於一千二百七十一年（至元八年）春或夏，本書序言謂其離家二十六年，故以一千二百九十六年（成宗元貞二年）為孛羅氏等歸里之期，或者稍近確矣。

（註三十二）馬哥巴巴羅所著孛羅氏家史，關於歸里時情狀，其言與賴麥錫所記者，大抵相同，唯更離奇矣。其記載如左：

余嘗耳聞之故老相傳，孛羅氏至里時，衣履襤褸，不堪言狀，適有乞丐過門，其妻將所更之舊衣給之。至次日孛羅氏詢舊衣，以便取出其中所藏之珍寶，妻對已給不知姓氏之乞人矣。孛羅乃心生奇計，佯作瘋狂，立於里亞陀（Rialto）橋頭手轉旋輪，似無意識者。圍觀之人甚衆，有問其故者，則曰上帝有知，彼當歸回。二三日後，前之乞人亦來立觀焉。孛羅識其舊衣，因得取回。圍觀者始知其作爲非瘋狂，乃奇計也。變賣衣中之珍寶，建築聖約翰之邸第，壯麗比於當時之王侯宮殿。鄉人以其珍寶價達於百萬特加達（Ducats）（幣名）因呼之爲孛羅百萬君。雖至今日（一千五百六十六年）（明世宗嘉靖四十五年）其邸人猶呼之爲百萬第焉。

（註三十三）老馬哥之遺命文，前已數次言之。該文乃作於里亞陀者，時一千二百八十年（元世祖至元十七年）八月五日也。遺文之人自述謂先嘗居於君士但丁堡，後移居聖賽維羅（S. Severo）教區者。所令各條，略揭於下：

其兄弟尼哥羅及馬飛二人，若在威尼斯，則爲執行遺命之人。若於死後，二人皆不在里，當指定佐登脫萊維沙（Jordano Trevisano）及其弟婦菲得里沙（Fiordelisa）爲執行人。二人皆聖賽維羅教區之信徒也。

國家遺產稅課，必須捐納。所有衣服什物器具，皆須出賣。賣得之錢，作爲彼營喪費用。所餘之金，執行人可充爲彼魂魄祈禱之費用。

嘗與哲斯丁奴堡（Justinople）（在依斯脫利亞角Cape of Istyıa）地方格拉索（Donáto Grasse）君，同作商。格拉索君欠彼一千二百里耳，（lire）（當時錢幣名）又彼嘗欠聖賽維敎羅區信徒董巴（Tumba）君五十二里耳。以上之債務，金死後給其子尼哥羅。現時寓於索耳對西亞（Soldachia）其子若不在，可給其親愛兄弟尼哥羅與馬飛二人。若二人亦不在，可給其兄弟之子馬哥（卽著書者）與馬飛。若二侄亦不在，執行人須將此款作彼魂魄祈禱之用。

又有銀鑲紅錦帶一條，銀匙二枚，無蓋銀杯一只，棹一張，板兩張，鵝絨衣一襲，床被一條，羽毛床一張，皆給與其子。子若不在，可依上節法配給之。若二侄亦不在，執行人須保存之，以待其子之歸威尼斯也。

執行人可將遺給其子之錢，代爲投資興業。獲利賠本，皆其子負責。唯投資須限於威尼斯地方。

嘗與兄弟合股營商所進之款，須分給其女馬羅加（Maroca）二百里耳。

又該股所進之欵，須分給一百里耳於其私生子安多尼。（Antony）

篋內藏有東羅馬金幣二海勃拍拉，（hyperperae）（幣名）佛羅倫斯市（Elorlnce）之金幣三佛羅林，（Florin）（幣名）皆給與弟婦菲得里沙。（Fiorlelisa）

生平所用奴隸婢女，於其死後，皆釋放使得自由。

索耳對西亞之房屋，給與該地之少僧正。唯其子尼哥羅與女馬羅加，皆得終身廬居其內。

所有其餘之貨物，皆給與其子尼哥羅。

（註三十四）少馬飛一千三百年時，有遺命書。由其稱呼觀之，似乎尼哥羅在契丹時所產之二私生子，皆為少馬飛之異母昆仲，而當時年皆尚幼也。

第三章增補　中國史書上之馬哥孛羅　原無今補

馬哥孛羅旅居中國，當元世祖時，其事蹟有見於中國史書者乎？查元史世祖本紀及他卷當世祖時以孛羅為名者，共有八人，而皆無專傳也。吾請皆舉出，列之於下，以備考證焉。

元史卷七世祖本紀，至元七年十二月丙申朔，以御史中丞孛羅兼任大司農卿。此人後升御史大夫，宣慰使，樞密副使。

卷八世祖本紀，至元十二年二月，遣必闍赤孛羅，檢覈西夏榷課。必闍赤，譯言典書記者。（見元史卷七十四祭祀）其品秩甚微。

卷十一，世祖本紀至元十八年，春正月癸卯，發鈔及金銀付孛羅，以給貧民。此人無官銜，亦不知爲何許人。

卷十二，世祖本紀至元十九年，二月丁巳，安州張拗驢以詐敕及僞爲丞相孛羅署印，伏誅。卷一百三十三，脫歡傳至元十五年，從丞相孛羅西征有功，加定遠大將軍。據宋史，丞相孛羅嘗與文天祥辨難。何時拜官，何時罷官，皆無明文。元史卷一百十二宰相表中亦無其名。此人以後似往波斯。拉施特（Rashid-uddin）著蒙古史，關於中國之部，多得孛羅丞相（Pulad Chingsang）之助。多森（D'ohsson）蒙古史亦見此名，謂其來自中國大汗朝廷，至波斯充大使者。

卷十二，世祖本紀十九年，秋七月丁丑，以蒙古人孛羅領湖北辰沅等州淘金事。

卷十二，世祖本紀十九年，秋九月乙亥，遣使括雲南所產金，以孛羅爲打金洞達魯花赤。此人與前蒙古人孛羅是否同爲一人，不可知也。

元史卷一百二十三，阿兒思蘭傳，阿兒思蘭孫忽兒都答兒管軍百戶，世祖命從孛羅諸延使哈兒馬某之地。諸延者，蒙古語親王酋長統領之義也。哈兒馬某或如俄國白萊脫胥乃竇博士（Dr. Emil Bretschneider）之言，爲哈兒馬自之誤刊，其音與Hormuz（元史地理志西北地附錄作忽里模子）相近也。（見 Bretschneider, Mediaeval Researches II, p. 89, Note 850; p. 132）

元史卷一百六十三，張德輝傳，是年夏，德輝得告將還，更薦白文舉、鄭顯之、趙元德、李造之、高鳴、李槃、李濤數人，陛辭，又陳先務七事：敦孝友，擇人才，察下情，貴兼聽，親君子，信賞罰，節財用。世祖以字呼之，賜坐錫賚優渥。有頃，奉旨教胄子孛羅等。

八人以外，世祖時或尚有他人亦名孛羅，然余於元史全書中所得查出者，僅此八人而已。其他時代以孛羅爲名者，幾於不可勝數也。元史卷二十四，仁宗本紀，至大四年六月己未，封樞密使孛羅爲澤國公；皇慶元年二月壬午，封孛羅爲永豐郡王；卷二十九，泰定帝本紀，九月甲午，以孛羅爲宣徽使；卷三十二，文宗本紀，天歷二年八月乙未賜護守大行皇帝山陵官，御史大夫孛羅等鈔有差，仁宗泰定及文宗時代之孛羅三人，與世祖時代御史大夫孛羅後升樞密副使者，必非一人。世祖時代之樞密副使孛羅，至元十九年後，不能再見，距至大四年將及三十年，樞密副使之職，已更換多次，且樞密副使爲軍務最高官吏，斷不能於三十年間無聲無聞也。

法國鮑梯以孛羅遊記卷二第二十三章，阿合馬事蹟考證之，最先指出世祖時代之樞密副使孛羅，爲即大遊歷家馬哥孛羅也，鮑梯所刊行之馬哥孛羅遊記漢文題名，即爲忽必烈樞密副使博羅本書。前清乾隆時代，嘗敕改元史中孛羅爲博羅。鮑梯之取名，蓋依據此本也。鮑梯指出後，歐洲學人之研究馬哥孛羅者，皆從其說，亨利玉爾亦其一也。（見導言第三章第二十節）鮑梯之發明，余亦然之。惟歐人將樞密副使名詞譯作 Second Class Commissioner or agent attached to the Privy Council，以余觀之，似覺不妥也。英國之樞密院（Privy Council）職權如何，余不詳悉，德文之 Geheimrat，英文亦譯作 Privy Councsl。德文之 Geheimrat，僅名譽職位，政府有時顧問之而已。元代之樞密院，掌天下兵甲，機密之務，凡宮禁宿衛，邊庭軍翼，征討戍守，簡閱差遣，舉功轉官，節制調度，無不由之。以其職權而論，可當今陸軍部參謀部也。元朝官制，其總政務者曰中書省，秉兵柄者曰樞密院，皇太子立，必兼中書令樞密使（見元史卷八十五百官志又輟耕錄卷二十二皇太子署牒）他姓之人，最高之官，僅至丞相及樞密副使而已。

鮑梯雖已指出樞密副使孛羅，爲即馬哥孛羅，然樞密副使孛羅仕於元廷時，其所作爲，至今尚無人表出之。良以搜查中國書籍之不易也。西國書籍末尾，皆有人地名目錄，（index）標明卷數頁數，依字母先後，一望即可查獲。中國之書則不然，篇首僅俱章名，或有專傳者之名，至若無專傳而事蹟散見於各卷者，勢非披閱全書，則不可得也。元史一書，共二百十卷，高積盈尺。按篇而查畢全書，其勞實甚也。然除此拙法之外，又無巧捷之方也。馬哥孛羅爲開闢新世界史之導綫。其在中國之作爲，可値一查。余故不辭其勞，搜集元代正史及他書，有樞密副使孛羅事蹟者，撮而滙聚之。倣蘇天爵所撰元朝名臣事略之例，按年代之先後，作馬哥孛羅在中國事略。

元史卷六十七，禮樂志，

制朝儀始末

世祖至元八年秋八月己未初起朝儀。先是至元六年春正月甲寅，太保劉秉忠大司農孛羅奉旨命趙秉温史杠訪前代知禮儀者肄習朝儀。既而秉忠奏曰，『二人習之，雖知之莫能行也。』得旨許用十人。遂徵儒生周鐸劉允中尚文岳忱關思義侯祐賢蕭琬徐汝嘉從亡金故老烏庫哩居貞完顏復昭完顏從愈葛從亮于伯儀及國子祭酒許衡太常卿徐世隆稽諸古典，參以時宜，沿情至制而肄習之，百日而畢。秉忠復奏曰，『無樂以相須，則禮不備。』奉旨搜訪舊教坊樂工，得杖鼓色楊皓，笛色曹楫，前行色劉進，教師鄭忠，依律運譜，被諸樂歌。六月而成，音聲克諧，陳於萬壽山便殿，帝聽而善之。秉忠及翰林太常奏曰，『今朝儀既定，請備執禮員。』有旨命丞相安童大司農孛羅，擇蒙古宿衛士可習容止者二百餘人，肄之期月。七年春二月，奏以丙子觀禮。前期一日，布綿蕝金帳殿前，帝及皇后臨觀於露階，禮文樂節，悉無遺失。冬十一月戊寅，秉忠等請建官典朝儀，帝命與尚書省論定以聞。八年春二月，立侍儀司，以呼圖克約蘇，額森鼐爾爲左右侍儀奉御，趙秉温爲禮部侍郎兼侍儀司事，周鐸，劉允中爲左右侍儀使，尚文，岳忱爲左右直侍儀事，關思義，侯祐賢爲左右侍儀副使，蕭琬，徐汝嘉爲僉左右侍儀事，烏庫哩居貞爲承奉班都知，完顏復昭爲引進副使，葛從亮爲侍儀署令，于伯儀爲尚衣局大使。夏四月，侍儀司奏請製內外仗如歷代故事，從之。秋七月，內外仗成。遇八月帝生日，號曰天壽聖節，用朝儀自此始。

元史卷七世祖本紀，至元七年春二月丙子，帝御行宮，觀劉秉忠，孛羅，許衡及太常卿徐世隆所起朝儀，大悅，舉酒賜之。

孛羅氏之名，至元六年始見，據世祖本紀以後之紀載，至元六年時，孛羅爲御史中丞，尚未升大司農也。御史臺成立於至元五年。孛羅氏或即於成立時被任爲御史中丞也。此節之孛羅，或指馬哥之父叔而言，蓋馬哥於至元五六年之際，斷然尚未至中國也。制朝儀事蹟，與孛羅遊記序言第五章所記，大汗先問歐洲皇帝如何維持其尊榮，國家政治如何得其平諸語，相應也。御史臺者，其職掌糾察百官善惡，政治得失者也。

孛羅遊記卷二第十四章，記天壽聖節受朝儀。世祖生日爲九月二十八日，陰歷約後一月餘。據元史卷四世祖以乙亥歲八月乙卯生也。又遊記卷二第十五章，記元正受朝儀。陰歷元正皆在陽歷二月間也。

馬哥孛羅遊記全書記其父叔之事極略。其居中國多年何所作爲，無一語及之也。吾人臆度之斷不能閒居也。其居中國時，三人或皆以孛羅爲名，致史官登記時，不辨受命之人究爲父叔與侄，因而有此誤會也。至元十四年孛羅被簡爲樞密副使時，一身而兼大司農、御史大夫、宣慰使、領侍儀司事四職使也。

亨利玉爾先生對於孛羅氏史年代考，襄陽要塞陷落一節，最爲困難，無可考證。以中國史此節及以後諸節觀之，孛羅氏三人是時已在中國。襄陽攻陷，身預其列，亦當然也。唯余不可不指出者，元史此節及以下一節，不獨未解決孛羅氏史年代之困難，反更加困難也。序言第九章，言耶穌降生一千二百六十九年（即世祖至元六年）四月，抵阿扣港（Acre），得悉教皇已死。教皇之名，在法國地學會本及鮑梯氏所依據各種寫本皆付缺如。後代之克魯斯喀（Crusca）意大利文譯本及賴麥錫本皆增入克來孟第四世（Clement IV）之名。玉爾先生已考證所添入者爲不誤矣。（見序言第九章註一）查克來孟第四世崩於一千二百六十八年十一月二十九日，即至元五年也。新教皇格利高雷十世（Gregory X）於一千二百七十一年九月一日始被公舉，是年即至元八年也。據孛羅遊記序言第九、第十、第十一、第十二諸章所言，其父叔是時，方在途間與家里。而元史乃有與劉秉忠等制成朝儀之記載。又孛羅遊記序言首篇，載馬哥離故鄉共二十六年。馬哥以成宗元貞元年抵故里。倒推之，當於世祖至元六七年時，啓身離威尼斯也。年代不符，亦云甚矣。豈樞密副使孛羅，非大遊歷家馬哥孛羅歟？然阿合馬事蹟之傳記，以及余所査得元史所載樞密副使孛羅諸節，與馬哥孛羅書中事蹟，無一不合者。謂非其人，余亦不信也。馬黎諾里（Mariguolli）事蹟，猶見於元史，豈孛羅氏仕於元廷十七年，反無痕蹟可尋乎？馬哥孛羅啓身來遠東時，年方十六，口述遊記時，已四十三歲。或者幼年事情，已不甚清了。父叔二次橫斷亞洲大陸正確時日，不深悉也。本書卷一，第四十章附註，所載元明二代，橫斷亞洲大陸諸家之記載，無有須時至三年之久者，而孛羅遊記序言第八章，記其父叔由中國至拉耶斯港，途間三年，又第十三章，記三人由西方歸同大汗之廷，又耗時三年半也。錯誤不符之點，或在於斯也。馬哥孛羅有意誇言，使讀者注意其道途之遼遠，行程之不易，亦意中事也。然吾人姑將事實表列之，以待後之史學發明而考證焉。

法國李洋特（M. le Comte Riant）最近查明泰大兒多（Tedaldo Visconti）（即教皇專使後被舉爲新教皇改號格利高雷第十世者也，）實於一千二百七十一年（元世祖至元八年）五月九日，與英吉利親王愛德華（Edward）同船抵阿扣港（Acre）就任聖地（Holy Land）。同年十一月十八日，離阿扣港，赴羅馬，即教皇之位也。（泰大兒多以該年九月一日被舉）李洋特由此斷定尼哥羅及馬飛二人由東方來抵阿扣港，及由西方還抵阿扣港，皆必在此數月之間也。（見序言第九章補註）據此則尼哥羅及馬飛二人第一次由東方歸威尼斯居家里，實甚匆促，爲時未久也。序言第九章記，『孛羅兄弟發拉耶斯城來至阿扣時，爲耶蘇降生一千二百六十九年四月也』同章又記『兄弟二人居威尼斯數年，以待新教皇之選定』第十章記『兄弟二人留滯威尼斯甚久，教皇久不選定，心急不復待』諸語皆不確也。李洋特之發明，證明余說之一部。尼哥羅及馬飛奉元世祖之命出使教皇，自東方起程，以至由西方歸還大汗之廷，總計所須年月，實甚短促。不考序言所記，由中國至拉耶斯港須時三年，由西方歸回大汗之廷，又須時三年半，居威尼斯故里，又復數年也。元史世祖本紀至元八年至至元十二年四月間，凡四年餘，不見有孛羅氏事蹟。余意或即於此四年間，奉命西使者也。

同卷至元七年十二月，丙申朔，改司農司爲大司農司，添設巡行勸農使副各四員，以御史中丞孛羅兼大司農卿，安童言孛羅以臺臣兼領，前無此例，有旨司農非細事，朕深諭此，其令孛羅總之。

元史卷八十七百官志，大司農司，秩正二品。凡農桑水利學校饑荒之事，悉掌之。至元七年始立，置官五員。十四年罷，以按察司兼領勸農事。

附屬機關如下：籍田署，秩從六品，掌耕種籍田，以奉宗廟祭祀。至元七年，始立，隸大司農。十四年罷司農，隸太常寺。二十三年復立大司農司，仍隸焉。署令一員，從六品，署丞一員，從七品，司吏一人。供膳司，秩從五品，掌供給廳需貨買百色生料幷僧格籍入資產。至元二十二年始置，隸司農，置達嚕花赤一員，提點一員，並從五品，司令一員，正六品，丞一員，正七品，吏一人。

卷八至元十二年四月丁卯，以大司農御史中丞孛羅爲御史大夫，罷隨路巡行勸農官，以其事入提刑按察司。

據亨利玉爾之考證，孛羅氏三人，於是年之夏方抵上都謁見世祖也。

元史卷八十六御史臺，秩從一品。大夫二員，從一品；中丞二員，正二品；侍御史二員，從二品；治書侍御史三員，正三品。掌糾察百官善惡政治得失。至元五年始立臺建官，設官七員，大夫從二品，中丞從三品，侍御史從五品，治書侍御史從六品，典事從七品，檢法二員，獄丞一員。二十一年升大夫從一品，中丞爲正三品，侍御史爲正五品，治書爲正六品。二十七年大夫以下品從各升一等。

輟耕錄第十七卷，旃檀佛○京師旃檀佛，以靈異著聞海宇。王侯公相士庶婦女，捐金莊嚴以丐福利者，歲無虛日。故老相傳云，其像四體無所倚着。人君有道，則至其國。國初時，尚可通一綫無礙，今則不然矣。按翰林學士程鉅夫瑞像殿碑刻云，「釋迦如來初爲太子，生七日，母摩耶棄世，昇忉利天。佛既成道，思念母恩，遂昇忉利天爲母說法。優塡國王自以久失瞻仰於如來欲見無從，乃刻旃檀爲佛目揵連尊者，慮有闕陋，躬以神力攝三十二匠，昇忉利天諦觀相好，三返乃得其眞既成，國王臣民奉之猶眞佛焉及佛自忉利天復至人間，王率臣庶，同往迎佛此像騰步空中，向佛稽首佛爲摩頂授記曰，「我滅度千年之後，汝從震旦東土也廣利人天。」由是西土一千二百八、十五年，龜茲六十八年，涼州十四年，長安一十七年，江南一百七十三年，淮南三百六十七年，復至江南二十一年，汴梁一百七十七年。北至燕京居聖安寺十二年，北至上京大儲慶寺二十年，南還燕宮內殿五十四年。丁丑歲，三月，燕宮火，迎還聖安寺居，今五十九年。乙亥歲，當今大元世祖皇帝至元十二年也，帝遣大臣孛羅等四衆，備法駕仗衛音伎，迎奉萬壽山仁智殿。丁丑建大聖安寺。己丑歲，自仁智殿迎安寺之後殿，大作佛事。瑞像計自優塡王造始之歲，至今延祐丙辰，凡二千三百有七年。』又釋氏感通錄云，『梁武帝遣郝騫等往天竺國，迎佛旃檀像。其王模刻一像，付騫天監十年至建康。帝迎奉太極殿，建齋度僧，大赦斷殺。自是蔬食絕慾。』據此說，又與碑文不同。卽今聖安寺所安之像，抑優塡之所刻歟？天竺之摹刻歟？）

丁丑歲爲至元十四年，己丑歲爲至元二十六年。輟耕錄此條之大臣孛羅，究爲御史大夫孛羅，抑爲丞相孛羅不可得知。惟據世祖本紀丞相孛羅何年拜官，既無明文，至元十二年時，惟御史大夫孛羅秩從二品，後升從一品，可稱爲大臣也。此條迎佛事，與孛羅遊記卷三第十五章所記迎佛鉢舍利，非常相類也。（輟耕錄此條，與元史諸條，非一綫相係，故置之括號內。）

元史卷一百六十八，姚天福傳　時御史臺置二大夫，綱紀無統。天福言于世祖曰，古稱一蛇九尾，首動尾隨，一蛇二首，不能寸進。今臺綱不張，有一蛇二首之患，陛下不急拯之，久則紊不可理。帝詔伊蘇特穆爾及孛羅諭之，孛羅以年幼自劾。

元文類卷六十八，孛朮魯翀大都路都總管姚公神道碑　監大名小敢普得罪，御史按之，至見毆辱，繼用公往，間道微服入境，察悉其情，還故驛，抵其所，擿抉如神，簿責死罪十有七，械送輦下。俄以宥貸，經臺門大訴。公在祭院，促捕之，目檢行橐，得賂侍御史安兀失納救免狀。即桎敢普而秘其事。夜用巡符，託詗邏，奄至一道士室，盡獲其賂。

明日陛奏，上曰彼七死猶赦，汝欲何爲？公對罪十有七，赦七留十，餘誰歸咎？上悟，戮敢嘗斥安時御史大夫二，安善甚一既斥，與所善猶雙陸禁中。公曰安庶人耳，豈得與大臣狎，叱令起，座皆失色。公卽入奏，一蛇九尾，首動尾隨，兩其首行不能寸。今憲不綱，蛇首二也。上曰然，一人二冠可乎。召兩大夫諭以公言。大夫孛羅懼；以年少自劾罷。……

據元文類卷六十八，姚公神道碑，姚天福於至元十一年，以承事郎拜御史。十三年江南平，冬十二月，宰相銜怒，左遷同知衡州路。其彈劾臺綱不張之時月，當在至元十二三年也，依亨利玉爾先生之考證，馬哥孛羅當至元十二三年時，年甫二十或二十一也。以上中國史書兩節，所記大夫孛羅以年少自劾罷之事，亦與馬哥孛羅相合也。余於上文已疑孛羅氏三人，在中國時，恐皆以孛羅爲名，致史官將三人之事，敍爲一人之事矣。吾讀此兩節，尤不能不申吾前說也。至元十二三年時，大夫孛羅，已以年少自劾。當至元六七年，受命與劉秉忠許衡等，制定朝儀之時，其年更少。以此幼童，而充此繁文縟節之事，是不可信也。雖云專制時代，任命官吏，由君主一人之心意，而元廷尤多年幼之人，然余所查，未有二十以下而受重任者。世祖時代，年最幼而當大任者，以丞相安童爲最。當其受任之時，年甫二十而已。然亦擇許衡以輔之，有安童尙幼，未更事之語也。

元史卷九至元十四年，二月，以大司農，御史大夫，宣慰使，兼領侍儀司事孛羅，爲樞密副使，兼宣徽使，領侍儀司事。

御史大夫孛羅，於至元十四年時，以一身而兼二職。何時充宣慰使，領侍儀司事，世祖本紀及他卷，皆無記載也。

元史此條，法國鮑梯（M. Pauthier）亦嘗發見之，惟鮑梯未將各官銜翻譯之，僅書任命孛羅爲樞密副使而已。（見 Pauthier, Le Livre de Marco Polo, citoyen de Venise, Conseiller privé et commissaire impérial de Khoubilai-Khan. p. iX; p. 361）吾欲於此，將元史百官志所載宣慰使等職所司，表列出之，俾得知其作爲焉。

元史卷九十一，百官志，宣慰司掌軍民之務，分道以總郡縣，行省有政令，以布於下，郡縣有請，則爲達於省。有邊陲軍旅之事，則兼都元帥府。其次則止爲元帥府，其在遠服，又有招討安撫宣撫等使，品秩員數，各有差等。宣慰使司，秩從二品。每司宣慰使三員，從二品；同知一員，從三品；副使一員，正四品；經歷一員，從六品；都事一員，從七品；照磨兼架閣管勾一員，正九品。凡六道：

山東東西道，益都路置　　河東山西道，大同路置

淮東道，揚州置　　浙東道，慶元路置

荊湖北道，中興路置　　湖南道。天臨置

侍儀司，隸禮部，秩正四品。掌凡朝會，即位，冊后，建儲，奉上尊號及外國朝覲之禮。至元八年，始置左右侍儀，奉御之員；禮部侍郎知侍儀事一員，引進使知侍儀事一員，左右侍儀使二員，左右直侍儀使二員，左右侍儀副使二員，左右侍儀僉事二員，引進副使，侍儀令，承奉班都知，尚衣局大使各一員。十二年，省左侍儀奉御，通曰左右侍儀；省引進副使及侍儀令，尚衣使等員，改置通事舍人十四員。

禮部，掌天下禮樂，祭祀，朝會，燕享，貢舉之政令。凡儀制損益之文，符印簡冊之信，神人封謚之法，忠孝節義之褒，送迎聘好之節，文學僧道之事，婚姻繼續之辨，音藝膳供之物，悉以任之。

元史卷八十六樞密院，秩從一品。掌天下兵甲機密之務。凡宮禁宿衛，邊庭置翼，征討戍守，簡閱差遣，舉功轉官，節制調度，無不由之。世祖中統四年，置樞密副使二員，從二品，僉書樞密事一員。至元七年，置同知樞密院事二員，院判一員。二十八年，始置知院一員，增院判一員，又以中書平章商量院事。

兵部，掌天下郡邑郵驛屯田之政令。凡城池廢置之故，山川險易之圖，兵站屯田之籍，遠方歸化之人，官私芻牧之地，駝馬牛羊鷹隼羽毛皮革之徵，驛乘郵運祗應公廨皂隸之制，悉以任之。

元史卷八十七宣徽使院，秩正三品。掌供玉食。凡稻粱牲牢，酒醴蔬菓庶品之物，燕享宗戚賓客之事，及諸王宿衛，齊哩克昆糧食，蒙古萬戶千戶合納差發，係官抽分，牧養孳畜，歲支芻草粟菽，羊馬價值，收受拉木伊克等事，與尚食尚藥尚醞三局，皆隸焉。所轄內外司屬用人，則自爲選。至元十五年，置院使一員，同知，同簽各二員，主事二員，照磨一員。二十年，升從二品，增院使一員，置經歷二員，典簿三員。二十三年，升正二品，置院判二員，省典簿，置都事三員。三十一年，院使四員。

其屬附見：光祿寺，秩正三品。掌起運米麴諸事，領尚飲、尚醖二局，沿路酒坊，各路布種事。

大都尚飲局，秩從六品。掌醖造上用細酒。

大都尚醖局，秩從六品，掌醖造諸王百官酒醴。

尚舍寺，秩正四品。掌行在帷幙帳房陳設之事，牧養駱駝，供進愛喇克乳酪。

拉木伊克藍，秩正四品。掌布哷齊，人口，頭疋諸物。

据元史所載，樞密副使孛羅，兼領諸職，使其所「諸事，與馬哥孛羅遊記所載，皆無不符之處也。樞密副使爲最高級之軍官，其職務掌天下兵甲機密之務」「禁宿衛，邊庭，置翼，征討，戍守，簡閱，差遣，舉功，轉官，節制，調度之事，與孛羅遊記序言第十五章所記『尼哥羅之子馬哥，不久知悉韃靼風俗語言文字及其作戰方法』之語，相應也。又導言第七十七節，十四世紀中葉高僧長約翰（Friar John the Long）所著編年史，其中記孛羅氏探險紀行曰，『尼哥羅及馬飛，與韃靼人數名，第二次被遣至此地，唯馬哥孛羅，爲皇帝所留，效用於軍旅之間，居汗庭二十七年。』諸語亦相應也。

孛羅遊記本書，記載世祖時代之戰爭，尤爲詳盡。而其文體，又皆大概相同，致使讀者取厭。殊不知馬哥孛羅職守，掌天下兵甲，故於各次戰爭，蒙古軍隊內情，皆深知之故也。

元代名臣，嘗充樞密副使者，至元之時，爲伯顏，史天澤，張文謙，張易等，是也。讀者或有懷疑馬哥孛羅以外國人而充此要職者，然此無足疑也。孛羅遊記卷二第二十三章，已言「契丹人民因大汗任用韃靼總督，或時用薩拉森人管理各地，待之如奴隸，故不堪其治。大汗之得契丹，非由承襲先產之特權，乃以武力征服定之也。故對於土人，無倚恃之心，而將事權委之於韃靼人，薩拉森人，或基督教徒之臣附於其家，而爲之宣力者。此等人皆外國人，僑居契丹者也。」馬哥孛羅任樞密副使時，年甫二十二歲，或有疑其年太輕，不堪此重任者。余曰，「此亦無足疑也。元世祖喜用年輕之人，故當其時年輕之人負責任者，不可勝數也。安童年二十而任中書右丞相矣。伯顏以至元元年自波斯抵北京，而二年即拜光祿大夫中書左丞相，攷其年亦僅二十八而已。」或問樞密副使，爲軍務最高之官吏，伯顏，史天澤，張文謙等，元史皆有專傳，馬哥孛羅既充此要職，與伯顏，史天澤齊位，何以無專傳乎？余謂此不獨不能辨樞密副使非馬哥孛羅，而反證明其實爲馬哥也。中國向例，大臣死後，乃宣付國史館立傳。馬哥孛羅生時，已西歸，故史無專傳。無專傳，乃證明此人必他往，非死於中國者也。丞相孛羅無專傳者，亦必此故也。

宣徽使掌供玉食燕享宗戚賓客之事。孛羅遊記卷二第十三章，記大汗宴享賓客之禮，「有巴隆數人，受任照料外國賓客，不知朝廷儀禮者，坐於相當座位否也。巴隆皆往來殿中，視察賓客席上酒肉乳酪，有缺者，即使僕役速給之』此章之巴隆，(Barons) 即宣徽使與其屬吏也。又同卷第十四章及第十五章，所記天壽聖節受朝儀與元正受朝儀，元史禮樂志所載宣徽使之任職，可以知矣。孛羅遊記卷二第一部，所載諸章非身當大吏時與皇帝接近者，不能言之者是其詳悉也。卷三第七十六章，宋全太后給伯顏軍民戶口錢穀冊，孛羅亦曾見之。使非樞密大臣，豈得覩之耶？吾人讀孛羅遊記內容，不必攷證其個人眞確歷史，已可料想著者，必高級官吏中之人物也。

侍儀司，掌朝會，即位，册后，建儲，及外國朝覲之禮。其職司與宣徽使相倣。馬哥孛羅遊記序言第十五章記『馬哥居大汗廷，不久閑熟數種言語及四國文字。馬哥爲人聰慧謹愼，故皇帝甚愛悅之』。宣徽使侍儀司，時遇外國朝覲之事，須敎導外國人禮節。馬哥閑熟數種言語四國文字，充當此職，亦擇人而任矣。馬哥以後奉使占城印度，或者其在京時，因身當外交之職，外國情形，亦已探悉，故有使命也。

元史卷一百二十一，博羅歡傳　至元十四年，討平叛臣只里斡台於德昌，賜玉帶文綺。與孛羅同署樞密院事。拜中書右丞，行省北京。未幾召還。時江南新附，多反側，詔募民能從大軍進討者，使自爲一軍，聽節度於其長，而毋役於他軍。制命符節，皆與正同。

元史卷一百三十四，闊里吉思傳　闊里吉思蒙古阿齊台氏。曾祖巴爾斯布哈，從攻乃蠻，欽察，斡羅斯，馬扎兒，回回諸國，常爲先鋒，太祖嘉之，賜虎符，及諭降豐州，雲州，擢充宣撫使。祖忽押忽辛，襲職，佩虎符。憲宗嘗語之曰，『汝所佩金符舊矣，何以旌世功？』命改製以賜之。中統三年，改河中府達魯花赤，卒。父藥失謀，擢襄陽統軍司經歷，改宿州達魯花赤。不拜。樞密副使孛羅，御史中丞木八剌，引見世祖，奏曰，『此忽押忽辛子，乞以其祖虎符授之，』擢中順大夫，金剛臺達魯花赤，繼改光州。屢遷安東州，河中府，及溫州，潞州，以建康路達魯花赤致仕。闊里吉思初以宿衞充保兒赤，至元二十五年，擢朝列大夫，司農少卿。……

元史全書有闊里吉思二人，皆有專傳。卷一百十八，汪古部長高唐王闊里吉思，卽孛羅遊記卷一，第五十九章，卷四第二章所記之佐治王（King George）也。闊里吉思，卽 Georgius 之譯音，基督教徒之名也。（參觀卷一第五十九章附註）高唐王闊里吉思，爲基督教徒，此卷之闊里吉思，亦基督教徒也。吾人自其祖父之名而得知也。忽押忽辛，卽聖經中名 Hoham Hoshaiah，藥失謀，卽 Joachim。皆基督教徒之名也。馬哥孛羅崇奉基督教。其在中國所交友者，大抵外國人及基督教徒。同教之人互相援引，意中之事也。闊里吉思之奉基督教，或有馬哥孛羅之關係在也。

元史卷九十九，兵志，鎮戍　成宗元貞元年七月，樞密院官奏『劉二巴圖爾言「初鄂州省安置軍馬之時，南面止是潭州等處，後得廣西海外四州八番洞蠻等地，疆界闊遠，闕少戍軍，復增四萬人。今將元屬本省四翼萬戶軍分出，軍力減少」。臣等謂劉二巴圖爾之言有理，雖然，江南平定之時，沿江安置軍馬，伯顏、阿朮、安塔哈、阿里海牙、阿剌罕等俱係元經攻取之人，又與近臣月兒魯、孛羅等樞密院官同議安置者，乞命通軍事知地理之人同議增減安置，庶後無弊』，從之。

蒙古鎮戍之兵，謂之鄂囉，猶之前清各省駐防也。乃世祖當時與二三大臣共議，視地之輕重，而爲之多寡，達兵機之要，審地理之宜。邊徼襟喉之地，命宗王將兵鎮之，河洛山東，據天下腹心，則以蒙古特默齊軍列大府以屯之。淮江以南，地盡南海，則各藩列郡，又各以漢軍及新附等軍戍焉。孛羅遊記卷二第三章及七十六章，曾詳言之。觀於此節，當時同議置戍之諸臣，孛羅亦與其列也。

元文類卷四十一，經世大典序錄，屯戍，　國初征伐，駐兵不常其地視山川險易事機變化而位置之。前卻進退，無定制。及天下平，命宗王將兵鎮邊徼襟喉之地。（如和林雲南回回畏吾河西遼東揚州之類，）而以蒙古軍屯河洛山東，據天下腹心，漢軍探馬赤軍戍淮江之南，以盡南海。而新附軍亦間厠焉。蒙古軍即營以家，餘軍歲時踐更，皆有成法。獨南三行省不時請移彼置此。樞密院必以爲初下江南時，世祖命伯顏，阿朮，阿塔海，阿里海牙，阿剌罕，與月兒魯，孛羅，輩所議定六十三處兵也。不可妄動，奏卻之。此其槩也。

經世大典序錄所載，與元史兵志所記相同。當時同議七人，孛羅之外，有伯顏，阿朮，阿剌罕三名，皆見孛羅遊記。伯顏之名，見於卷二第六十五章，七十四章，七十六章。阿朮之名，見於卷二第六十一章，作 Aguil。阿剌罕之名，見於卷三第二章，作 Abacan，即 Alacan 之誤寫也。

經世大典爲研究元朝事情重要之書。據元文類歐陽玄進經世大典表，爲書凡八百八十卷，目錄十二卷，公牘一卷，纂修通議一卷。前清乾隆，敕改元史時，尙屢參用之，而今則似已散佚。所存者，僅元文類有序錄數篇，海國圖志轉錄永樂大典西北地圖而已。惜哉！

元史卷二百二十八，相威傳　十六年，入覲。會左丞崔斌等言平章阿合瑪不法事。有旨命相威及知樞密院孛羅自開平馳驛大都共鞫之。阿合瑪稱疾不出。孛羅欲回，相威厲聲叱曰，『奉旨按問，敢回奏耶？』令輿疾赴對，首責數事，既引伏，有旨釋免。仍諭相威曰，『朕知卿，不惜顏面。』復命還南行臺。

此節記阿合馬事蹟，參觀下文及孛羅遊記卷二第二十二章。

元史卷一百三十一，完者都傳　完者都，欽察人。十六年，授昭勇大將軍，遷管軍萬戶。漳州陳吊眼聚黨數萬，劫掠汀漳諸路，七年未平。十七年八月，樞密副使孛羅請命完者都往討。從之，加鎮國上將軍，福建等處征蠻都元帥，率兵五千以往，賜翎根甲，而慰遣之。且曰，『賊苟就擒，聽汝施行。』時黃華聚黨三萬人，擾建寧，號頭陀軍。完者都先引兵壓其境，軍聲大震，賊驚懼納欵。完者都許以爲副元帥，凡征蠻之事，一以問之，且慮其姦詐莫測，因大獵以耀武。適有一雕翔空，完者都射之，應弦而落。遂大獵，所獲山積。華大悅服。乃聞於朝，請與之俱討賊。朝廷從之，授華征蠻副元帥，與完者都同署。

華遂爲前驅，至賊所，破其五寨，十九年三月，追陳吊眼至千壁嶺，擒之，斬首漳州市，餘黨悉平。

世祖本紀至元二十年冬十月，建寧路管軍總管黃華叛，衆幾十萬，號頭陀軍，僞稱宋祥興五年，犯崇安浦城等縣，圍建寧府，詔卜憐吉帶史弼等將兵二萬二千人討平之。陳吊眼宋末已起，至元世祖至元十七年始平。黃華頭陀軍，擾亂建寧一帶，尤無紀律，孛羅遊記卷二第八十章所言蠻人剃頭額，染藍之如刀面，出戰，除長外皆步行，使用戈矛刀劍，嗜殺人，飲其血而食其肉諸事，不必爲山間番族，或即爲黃華陳吊眼徒黨，亦未可知也。

元史卷二百五，姦臣阿合馬傳　阿合馬回紇人，不知其所由進，世祖中統三年，始命領中書左右部，兼諸路都轉運使，財賦之任，專委之。世祖升開平爲上都，又以阿合馬同知開平府事，領左右部如故。至元元年八月，罷領中書左右部，併入中書，超拜阿合馬爲中書平章政事，階榮祿大夫。三年正月，立制國用使司，阿合馬又以平章政事領使職。七年正月，立尚書省，罷制國用使司，又以阿合馬平章尚書省事。阿合馬多智巧言，以功利成效自負，衆咸稱其能。世祖急於富國，試以行事，頗有成績。又見其與丞相錫津、史天澤等爭辨，屢有以詘之，由是奇其才，授以政柄，言無不從，而不知其專愎益甚矣。丞相安童含容久之，言於世祖曰：『臣近言尚書省、樞密院、御史臺宜各循常制奏事，其大者從臣等議定奏聞，已有旨兪允。今尚書省一切以聞，似違前奏。』世祖曰：『汝所言是，豈阿合馬以朕頗信用，敢如是耶？其不與卿議非是，宜如卿言。』又言，『阿合馬所用部官，左丞許衡以爲多非其人，然已得旨咨請宣付，如不與，恐異日有辭。宜試其能否，久當自見。』世祖然之。九年，併尚書省入中書省，又以阿合馬爲中書平章政事。明年，又以其子呼遜爲大都路總管，兼大興府尹。右丞相安童見阿合馬擅權日甚，欲救其弊，乃奏大都總管以下，多不稱職，乞選人代之。又奏阿合馬、張惠挾宰相權，爲商賈，以網羅天下大利，厚毒黎民，困無所訴。阿合馬曰：『誰爲此言？臣等當爲廷辯。』安童進曰：『省左司都事周祥中木取利，罪狀明白。』世祖曰：『若此者，徵畢當顯黜之。』既而樞密院奏以呼遜同僉樞密院事，世祖不允，曰：『彼賈胡事猶不知，況可責以機務耶，』十二年，伯顏伐宋，既渡江，捷報日至。世祖命阿合馬與姚樞，圖克坦，公履，張文謙，陳漢歸，楊誠等議行鹽鈔法於江南，及貿易藥材事。阿合馬奏，『樞云江南交會不行，必致小民失所。公履云，伯顏已嘗榜諭交會不換，今亟行之，失信於民。文謙謂可行與否，當詢伯顏。』漢歸及誠皆言『以中統鈔易其交會，何難之有。』世祖曰，『樞與公履，不識事機。朕嘗以此問陳巖，巖亦以宋交會速宜更換。今議已定，當依汝言行之。』又奏，『北鹽藥材，樞與公履皆言可使百姓從便販鬻。臣等以為此事若小民為之，恐紊亂不一。擬於南京，衛輝等路，籍括藥材。蔡州發鹽十二萬斤，禁諸人私相貿易。』世祖曰，『善，其行之。』十五年，諭阿合馬宜廣貯積，以備闕乏。阿合馬奏，自今御史臺非自省毋擅召倉庫吏，毋究索錢穀數，及集議中書不至者罪之。其沮抑臺察如此。四月，湖南中書左丞崔斌奏曰，『先以江南官冗，委任非人，命阿里等澄汰。今已顯有徵驗，蔽不以聞，是為罔上。杭州地大，委寄非輕。阿合馬溺於私愛，以不肖子瑪蘇庫充達魯花赤，佩虎符，此豈量才授任之道。』又言『阿合馬先自陳乞免其子弟之任，今身爲平章，而子若姪，或爲行省參政，或爲禮部尚書，將作院達嚕花赤，領會同館。一門悉處要津，自背前言，有虧公道。』有旨並罷黜之。然終不以是爲阿合馬罪。世祖嘗謂淮西宣慰使昂吉爾曰：『夫宰相者，明天道，察地理，盡人事，兼此三者，乃爲稱職。阿里海牙、敏珠爾丹等，亦未可相。回回人中阿合馬才任宰相。』其爲上稱道如此。十六年，以呼遜爲中書右丞。阿合馬在位日久，益肆貪橫，援引姦黨郝禎、耿仁驟升同列，陰謀交通，專事蒙蔽，逋賦不蠲，衆庶疎移。民有附郭美田，輒取爲已有，內通貨賄，外示威刑，廷中相視，無敢論列。有宿衞士秦長卿慨然上書發其姦，竟爲阿合馬所害，斃于獄。十九年三月，世祖在上都，皇太子從，有益都千戶王著者，素志疾惡，因人心憤怨，密鑄大銅鎚，誓願擊阿合馬首。會妖僧高和尚以秘術行軍中無驗而歸，詐稱死，殺其徒，以尸欺衆逃去，人亦莫知。著乃與合謀，以戊寅日詐稱皇太子還都作佛事，結八十餘人，夜入京城，旦遣二僧詣中書省，令市齋物，省中疑而訊之，不伏。及午，著又遣崔總管矯傳令旨，俾樞密副使張易發兵若干，以是夜會東宮前。易莫察其僞，即令指揮使顏義領兵俱往。著自馳見阿合馬，詭言太子將至，令省官悉俟宮前。阿合馬遣右司郎中托歡徹爾等數騎出關，北行十餘里，遇其衆。僞太子者，責以無禮，盡殺之，奪其馬，南入健德門。夜二鼓，莫敢呵問，至東宮前，其徒皆下馬，獨僞太子立馬指揮，呼省官至前，責阿合馬數語，著即牽去，以所袖銅鎚碎其腦，立斃。繼呼左丞郝禎至，殺之。囚右丞張惠。樞密院、御史臺、留守司官皆遙望，莫測其故。尚書張九思自宮中大呼，以爲詐，留守司達嚕花赤布敦遂持挺前擊，立馬者墜地，弓矢亂發，衆奔潰，多就擒。高和尚等逃去，著挺身請囚。中丞額森特穆爾馳奏。世祖時方駐蹕察罕諾爾，聞之震怒，即日至上都，命樞密副使孛羅、司徒和爾果斯、參政阿里等馳驛至大都，討爲亂者。庚辰，獲高和尚於高梁河。辛己，孛羅等至都。壬午，誅王著、高和尚於市，皆醢之，并殺張易。著臨刑大呼曰：『王著爲天下除害，今死矣。異日必有爲我書其事者。』阿合馬死，世祖猶不深知其姦，令中書毋問其妻子。及詢孛羅，乃盡得其罪惡，始大怒曰：『王著殺之誠是也。』乃命發墓剖棺，戮尸於通元門外，縱犬啗其肉。百官士庶，聚觀稱快。子姪皆伏誅，沒入其家屬財產。

元史阿合馬傳，可與孛羅遊記卷二第二十三章互證。所有記載皆相合。王著張易之名，皆見孛羅遊記。孛羅遊記本章之末言『亂事發生時，馬哥皆身在場。』與元史所載『世祖命樞密副使孛羅討爲亂者。阿合馬死，世祖猶不深知其姦，及詢孛羅，乃盡得其罪』諸語，可證明樞密副使孛羅，即大遊歷家馬哥孛羅，毫無疑竇也。阿合馬執政自中統三年起，至至元十九年止，凡二十一年，孛羅謂爲二十二年，亦幾相同也。孛羅遊記卷二第二十三章，各種寫本中皆無之，惟賴麥錫（Ramusio）意大利文譯本內有之。此爲攷證馬哥孛羅個人歷史最要之章，間接可證明賴麥錫原本馬哥孛羅遊記，必爲馬哥孛羅出獄後親筆修補，絕非賴麥錫僞作者也。

結論

馬哥孛羅遊記書中，又記奉使雲南，緬國，占城，印度，治理揚州三年，扈從科克清公主至波斯等事蹟，元史及他漢文書中，皆無可稽攷也。（參觀下方年表後之攷證）何時解除樞密副使之職，元史亦無明文也。

馬哥孛羅充樞密副使之時，元廷軍旅大事，必曾參預者，吾人可指出二事焉。孛羅拜副使時，爲至元十四年二月，卽伯顏渡江入臨安，虜宋主㬎全大后北上之後一年也。江浙雖已平定，而張世傑，文天祥，猶挾廣王昺據閩粵力圖抗拒，西蜀重慶等處亦未服也。至元十八年，阿剌罕，范文虎，（二名皆見孛羅游記卷三第二章）率領蒙漢軍征日本。南宋之完全平定，與征伐日本之役，調發軍隊等務，孛羅氏必皆參預其列也。

附誌，日本東京遊就館有油畫一幅，繪元廷征日本時御前會議狀況，意大利人馬哥孛羅亦預其列。繪此畫者不過臆想，吾人今則證明其爲確實情形也。

吾人爲求馬哥孛羅游記歷史上事實之淸瞭，余故于下方作馬哥孛羅年表，以中國元史，波斯史，及孛羅遊記本書，三者互相參證，俾讀者易于明瞭也。遊記本書所記事實與元史年代不符者，表後另加攷證焉。

馬哥孛羅年表

中國元史	孛羅紀行本書	西歷	波斯史

蒙古憲宗元年（即宋理宗淳和十一年）	蒙哥大汗即位（漢人稱憲宗）	賴麥錫謂馬哥孛羅生於此年	一二五一	
二　年	命忽必烈征大理		一二五二	
三　年	命旭烈兀及兀良合台征西域		一二五三	
四　年	大理全平忽必烈入覲		一二五四	
五　年		馬哥孛羅生※据玉爾	一二五五	
六　年			一二五六	
七　年			一二五七	
八　年	旭烈兀平西域遣使獻捷	地學會本謂馬哥生於此年	一二五八	二月旭烈兀陷報達城加利發亡
九　年	帝崩壽五十二		一二五九	旭列兀創伊兒汗國建都塔伯利次城用中國文璽印

世祖中統元年	忽必烈即位爲大汗	尼哥羅孛羅與馬飛孛羅離君士但丁堡就欽察伯忽汗	一二六〇	
二年		孛羅氏逗留伯忽汗庭十二月	一二六一	
三年	李璮之亂	李璮作亂於山東	一二六二	旭烈兀與伯忽汗相攻
四年		孛羅氏至布哈拉城	一二六三	
至元元年	伯顏至自波斯	孛羅氏逗留布哈拉三年	一二六四	察合台國八剌汗即位
二年	伯顏拜光祿大夫中書左丞相	孛羅與大使同往中國	一二六五	旭烈兀崩大汗使者薩他克回中國
三年	史天澤爲樞密副使	在途間	一二六六	阿八哈王即位
四年	伯顏拜中書右丞阿朮觀兵襄陽趙璧爲樞密副使	在中國受命奉使教皇及任聖墓取油事在途間	一二六七	

五年	圍襄陽史天澤爲樞密副使、	在途間教皇克來孟四世崩	一二六八	
六年	正月劉秉忠孛羅同受命起朝儀	在途間四月抵阿扣港	一二六九	察合台國八剌汗侵呼羅柵師敗而還
七年	二月劉秉忠孛羅朝儀成帝賜以酒 十二月以御史中丞孛羅兼大司農卿	去年孛羅歸威尼斯馬哥年十五 本年孛羅在家	一二七〇	察合台國八剌汗崩
八年	去年伯顏爲樞密副使	孛羅兄弟二人復東行偕馬哥與俱 九月新教皇格利哥雷十世即位	一二七一	
九年	亦思馬因獻巨石礮攻襄陽十月張易爲樞密副使	在途間三年半巴達哈傷養病一年	一二七二	大汗徵大馬色克城三礮手阿伯八克伊伯拉希及馬合摩德攻襄陽
十年	正月襄陽陷落	在途間（本書自謂襄陽攻破皆與其役）	七一二三	

十一年		途間	一二七四
十二年	四月以大司農御史中丞孛羅爲御史大夫	五月抵上都氺据玉爾	一二七五
十三年	伯顏滅宋置江淮行省治揚州	伯顏滅蠻子國	一二七六
十四年	二月以大司農御史大夫宣慰使兼領侍儀司事孛羅爲樞密副使兼宣徽使領侍儀司事	納速剌丁大敗緬軍	一二七七
十五年	去年三月呼圖克大敗緬軍於永昌十月納速剌丁征緬		一二七八
十六年	納速剌丁遷帥大理招安夷寨三百籍戶十二萬二百	奉使雲南緬國	一二七九
十七年	六月安西王忙哥剌卒		一二八〇

十八年	范文虎等伐日本遇風敗還	范文虎阿剌罕征日本不和遇風敗還	一二八一	
十九年	三月王著殺阿合馬帝遣樞密副使孛羅等討亂誅王著張易孛羅告阿合馬罪惡帝命發墓剖棺戮屍縱犬啗其肉十二月以張文謙爲樞密副使	王著殺阿合馬帝悉阿合馬罪惡命發墓剖棺縱犬啗其肉諸事發現時馬哥孛羅皆身當其場	一二八二	四月阿八哈王崩其弟阿合馬篡位
二十年	十月以平章政事扎薩克爲樞密副使	出充淮東道宣慰使	一二八三	
二十一年	二月江淮行省遷杭州唆都征占城占城降亦黑迷失至僧迦剌國觀佛鉢舍利	唆都征占城占城降大汗遣使至錫蘭取佛鉢舍利	一二八四	阿八哈子阿魯大王爲阿合馬所擒
二十二年	拜土土哈爲樞密副使十二月丁未皇太子眞金薨	皇太子眞金薨	一二八五	

二十三年	七月江淮省復回揚州		一二八六	阿魯大王即位四月王妃布魯干薨遺命求婚中國
二十四年	四月諸王乃顏叛帝自將討平之餘黨悉誅亦黑迷失使馬八兒國取佛鉢舍利	諸王乃顏叛大汗自將討平之	一二八七	
二十五年	海都犯邊	馬哥孛羅奉使占城	一二八八	
二十六年	二月徙江淮省治杭州改浙西道宣慰司爲淮東道宣慰司海都犯邊和琳宣慰使怯伯應之	奉使印度海都犯邊怯伯昔班敗走	一二八九	
二十七年			一二九〇	
二十八年		馬哥孛羅歸自印度	一二九一	三月阿魯大王崩七月弟凱嘉圖纂位

二十九年	遣史弼高興擊爪哇無功而還	春正月馬哥孛羅等扈科克清伯岳吾公主離泉州往波斯途間二十六閱月	一二九二	
三十年		孛羅等留凱嘉圖庭九月乃西歸合贊與馬哥羅爲知交	一二九三	冬科克清公主抵波斯北境凱嘉圖命交阿魯子靖遠王合贊
三十一年	正月帝崩皇太孫鐵木兒即位是爲成宗	途間得聞大汗崩殂及合贊殺拜都正位	一二九四	
元貞元年		馬哥孛羅抵威尼斯故里	一二九五	阿魯大王從弟拜都殺凱嘉圖自立阿魯子合贊起兵討拜都殺之乃正位
二年			一二九六	
大德元年			一二九七	

二年		九月七日威尼斯與基奴亞兩艦隊戰於苟坐拉馬哥孛羅被擒獄中口述遊記於羅斯梯謝奴	一二九八	
三年		八月馬哥孛羅被釋放歸威尼斯故里	一二九九	
四年		尼哥羅孛羅卒	一三〇〇	
五年	海都大王崩		一三〇一	
六年		馬哥孛羅爲威尼斯貴族免水管不納稅罰金	一三〇二	
七年			一三〇三	
八年			一三〇四	靖遠王合贊薨鄂爾介都立
九年		四月馬哥孛羅具保釋放波奴錫私販酒之罪	一三〇五	

十年		八月馬哥孛羅獻遊記於法國貴族梯抱賽波	一三〇六
十一年	帝崩海山立是爲武宗		一三〇七
武宗至大元年			一三〇八
二年			一三〇九
三年			一三一〇
四年	帝崩弟愛育黎拔力八達立是爲仁宗	馬哥孛羅爲托賣麝香一磅半事控經手人保羅吉拉多	一三一一
皇慶元年			一三一二
二年			一三一三
延祐元年			一三一四
二年			一三一五
三年			一三一六

四年		馬飛孛羅卒	一三一七	鄂爾介都汗崩（阿布賽特）不賽因立
五年			一三一八	
六年	夏四月庚子諸王合贊薨		一三一九	
七年	帝崩太子碩德八剌立是爲英宗		一三二〇	
英宗至治元年			一三二一	
二年			一三二二	
三年	帝崩也孫鐵木兒立是爲泰定帝	五月馬哥孛羅爲房產事與人起訴	一三二三	
泰定元年		正月馬哥孛羅病立遺命書有已嫁女二未嫁一其夫人名多那他	一三二四	
二年		馬哥孛羅卒	一三二五	

		一千三百三十六年即順帝至元二年馬哥孛羅夫人多那他死一千三百三十三年順帝元統元年幼女毛萊他出閣二女貝萊拉死	一三二六	順帝至元二年（西歷一千三百三十六年）不賽因崩

（解）遊記本書著成後，因活字板未發明，無印書術，僅賴抄寫以傳播，且當時歐洲人不用阿拉伯號碼，仍沿用羅馬號碼，易於混亂，故書中年代，各本互異，無一可恃。吾人作年表，唯有據中國元史及波斯史與遊記本書所記史事，參証推算而已。本書最要史事（一）爲旭烈兀與伯忽汗相攻。依此可推算孛羅氏兄弟何年離伯忽汗庭，何年至布哈拉城。（二）敎皇克來孟四世崩，二年餘，無敎皇。新敎皇格利哥雷十世卽位，乃得國書，再東行。依此可推算何年歸里，何年再東行。途間三年半，或馬哥過言，亦未可知。由敘利亞以東，已皆蒙古帝國疆土。各地皆有驛站，孛羅氏既身懷金符，當由驛道而來，想不須三年半也。若縮成一年餘，則襄陽陷落時，自可與役也。元史所記襄陽之役，無孛羅氏之名者，或當時獻礮者多人，而史官僅擇亦思馬因二人之名，其餘概皆從略也。成宗時，史官進世祖實錄，帝閱之，斥曰，亦思馬因一礮手，事何足記。由此觀之，卽亦思馬因一

人之名，得遺留後世，亦云幸矣。（三）奉使雲南緬國，約在至元十四年與十七年之間。書中記永昌大戰事，據元史所載，乃至元十四年三月也。是年十月，雲南省遣本省宣慰使都元帥納速剌丁，率蒙古、爨、僰、摩些軍三千八百四十餘人，征緬，至江頭，深蹂酋首細安立砦之所，招降其磨欲等三百餘砦，土官曲蠟、蒲折戶四千，孟磨愛呂戶一千，磨奈、蒙匡、里答八剌戶二萬，蒙忙、甸土官甫祿堡戶一萬，木都、彈禿戶二百，凡三萬五千二百戶。功績不可謂不盛。馬哥孛羅過雲南時，拜訪本省長官平章政事賽典赤贍思丁，在大理訪都元帥納速剌丁，爲當然之事。永昌戰事，或卽聞自納速剌丁，乃意中事，故孛羅誤以之爲當時元帥也。孛羅過西安府時，倘言安西王忙哥剌在位。查元史世祖本紀，至元九年十月，封皇子忙哥剌爲安西王，賜京兆爲分地。十七年六月，安西王薨，子阿南達嗣。孛羅過西安府，當在至元十七年六月前也。（四）阿合馬被殺，乃至元十九年三月事，樞密副使張易亦被誅。查元史百官制，樞密副使凡二員。張易與孛羅乃同官者。是年十二月，以張文謙爲樞密副使，卽補張易缺者。孛羅何時罷副使之職，世祖本紀及成宗本紀，皆無記載，雖然，查詳他書，吾人未始無解決之文也。元史卷一百五十七張文謙傳，謂至元十九年十二月，拜樞密副使，歲餘以疾薨於位。（元文類卷五十八李謙中書左丞張公神道碑，載文謙薨於至元二十年三月壬申，與元史大異，不知孰是。）卷一百二十八土土哈傳，謂至元二十二年，拜鎭國上將軍、樞密院副使。卷十二世祖本紀，至元二十年十月甲午，以平章政事扎薩克爲樞密副使。二十年十月，距十九年十二月，僅十一閱月，不得謂之歲餘。故扎薩克之拜命，必補孛羅缺者，而土土哈之拜命，乃補張文謙缺者。孛羅開缺後，補何官，亦無記載可稽。查元史卷十，世祖本紀，至元十五年四月，敕自今罷免之官，宰執爲宣慰，宣慰爲路官，路官爲州官。樞密副使秩從二品，宣慰使秩亦從二品。由京官出爲外官，事或有煩重輕微之別，然不過遷調而已，非有升黜之意也。元史卷九十一，百官制，天下設宣慰司者凡六道：曰山東東西道，（益都路置）河東山西道，（大同路置）淮東道，（揚州置）浙東道，（慶元路置）荆湖北道，（中興路置）湖南道。（天臨置）四道在昔宋國境內，至元十三年滅宋，始置者。世祖本紀，至元十二年十三年，皆未明記何時授孛羅以宣慰使及兼領侍儀司事。十四年忽見孛羅一身兼四職。或史官將年代先後誤載乎？參觀遊記本書，惟言曾治理揚州三年，並不見曾官他地，故可決定其宣慰使爲在揚州也。官揚州年期，當在江淮行省未遷至杭州之前，因遊記卷二第六十八章言『揚州仍爲十二省城之一，有丞相駐焉。』查世祖本紀，至元二十一年二月戊申，徙江淮行省於杭州，二十三年七月，復回揚州，省治已遷，孛羅不能不知也。卷二第八十二章，謂泉州隸福州。查泉州於至元十五年至二十年，五年之間，曾二次爲行中書省。二十年後，行省乃終徙福州，孛羅之過泉州，約在二十年後，故其所言亦正與元史相合。泉州僅一過而已，尚記載正確，況揚州曾從宦三年，乃有不詳之理乎？元史地理志，揚州路宣慰司外，復有肅政廉訪司、及錄事司兩職焉。然似皆與孛羅無關也。守山閣叢書中有元時無名氏所著之皇元征緬錄者，記至元八年以後，元人與緬國之交涉。孛羅赴緬或即以宣慰使職銜，充國信使也。（五）諸王乃顔之叛，爲至元二十四年四月後事，孛羅書中有六章皆載此役之事，言之綦詳，且可補元史之略也。此時孛羅或在京目擊其事，故能言之如此詳盡也。唆都征占城及占城畏兵投降，乃至元二十一年事。孛羅奉使占城時，聞之他人也。往印度或與奉使占城同時受命，爲一次之事也。（六八）孛羅遊記卷三第六章言「爪哇島距中國甚遠，欲起軍隊征服之，費用浩大，故大汗永無收服之機會也。」數語可證明孛羅氏等已於至元二十八年或二十九年初離中國矣。孛羅氏三人離中國後，不數月大汗遣史弼，高興，亦黑迷失三人率大軍擊爪哇，無功而還也。

第四章　威尼斯市孛羅氏邸第考。

第二十三節，　聖約翰教區孛羅氏邸第建築時期之揣測，

導言第一章嘗引賴麥錫之文，謂孛羅氏歸里後，即趨聖約翰教區本第。賴氏時人尚稱之爲百萬第也。賴麥錫之書，錯誤百出，故余於孛羅氏邸所在一節，亦懷疑焉。以余所攷，孛羅氏於未歸自遠東以前，與聖約翰教區之邸第，固無關係也。其祖安得利亞孛羅乃聖肥立斯 (San Felice) 教區人。一千三百年時，少馬飛孛羅有遺命書，下章有撮要之譯文，其書中稱其父尼哥孛羅爲聖約翰教區人。然此僅可知大旅行家，

於歸自遠東後，移居該處爲無疑之事實，而非證明以前卽在此處也。於少馬飛之遺命書中亦可藉知孛羅氏與聖肥立斯教堂尙有些微關係者。繕寫該書之人，與作證據者，皆聖肥立斯教堂僧人及書記也。少馬飛於遺命書中有年給俸金若干，與聖肥立斯教堂僧正及其繼任者，爲其父母及本人之魂魄祈禱費，聖肥立斯教堂僧正繼任者歿後，所遺年金，須給與聖約翰教堂之方丈，充祈禱費等語。老馬哥孛羅之遺命書中，則自謂爲聖賽維羅（San Severo）教區人，其弟婦菲得里沙與彼同區，聖約翰教區則未言及焉。由以上各攷證觀之，聖約翰區之高樓宏第，比諸王宮者，乃旅行家歸自東方以後所購置者。(三十五)

（註三十五）前第二十二節所引馬哥巴巴羅之逸話，則謂百萬第乃孛羅氏新建築者。白爾夏特（Berchet）於威尼斯大貧圖書室（Great Poor House）覔得古代寫據紙多張，內有一紙載馬哥格拉梯（Marco Galetti）將聖約翰教區房屋所有權，讓授尼哥羅之子馬哥孛羅之語。此據立於一千三百十九年（元仁宗延祐六年）九月十日，繕寫人兼公證人爲聖康家奴（San Canciano）教堂僧人尼哥羅君。

由此古証據觀之，則孛羅氏邸第之情形，可以得知一二矣。

第二十四節　今代薩表奈拉邸之孛羅氏遺跡。

十六世紀時之百萬第（Cortedel Millioni）即今代薩表奈拉邸。（Corte Sabbionera）其地有紀念石，記其地曾爲馬哥孛羅邸第舊址也。（亨利玐狄曰一千八百九十九年後以迄於今其地復改稱爲百萬第也）

鮑梯（Pauthier）所刊馬哥孛羅遊記，有孛羅氏邸第刻繪之圖，頗爲精美，然詳攷之，鮑梯之圖，不免有誤。圖中所繪者，乃薩表奈拉邸西邊小屋。古代或有當時尖形之建築物在其上，如圖中所繪者，而今則陳式簡陋，且亦非眞品也。依威尼斯古代逸話，及舊書籍觀之，孛羅氏邸第實在薩表奈拉邸之北面，今媽麗白蘭（Malibran）劇場地基是也。十六世紀末造時，大火燬其邸，無稍遺留，地趾展轉賣於維克切爾。（Stefano Vecchia）一千六百七十八年（清康熙十七年）維克切爾復轉賣於格里馬奴（Giovanni Carlo Grimani）格君乃於故趾建一劇場，宏大爲當時意大利全國之冠，其名即爲聖約翰劇場，後乃改名爲愛姆羅尼學劇場。（Teatro Emeronitio）近代該劇場亦依法革新，主人更其名爲媽麗白蘭，追念媽麗白蘭大歌曲家也。此名至今仍之，未嘗改也。

一千八百八十一年（清光緒七年）萬國地理學會開議於威尼斯市時，公決於媽麗白蘭劇場內樹碑，勒文如下：

Qui Furono Le Case

di

Marco Polo

Che Viaggio le Piu Lontane Regioni Dell' Asia

E le Descrisse

Per Decreto del Comune

MDCCCLXXXI

紀念馬哥孛羅探險亞洲窮荒之域，啟後代開明之世也。

〈威尼斯市媽麗白蘭劇場〉

威尼斯市馬哥孛羅故邸進門撮影

邸之北面，有拱門，爲意大利與東羅馬時代式之建築。鐫有卷布盆盤及各種動物模形。拱門墻上，有十字架一座，其裝式亦如前。所有派式及裝飾，皆威尼斯市十三世紀時代所盛行者也。進門有衢道，道之他端，亦有拱門。門上亦略有點綴。再進則嫣麗白蘭劇場也。薩表奈拉邸內之拱道上，建築高聳空際，形狀如塔。此塔與彫刻拱門十字架等，依克松尼先生（Signor Casoni）之攷證，皆孛羅氏舊邸遺物也。唯其塔（鮑梯氏之撮影）近則更建新式者矣。(三十六)

（註三十六）克松尼先生曾疑及古代之百萬第，究爲今代薩表奈拉邸乎？抑劇場內部乎？尤以信劇場內部爲遺趾者最多焉。

鄰近房屋內，亦有東羅馬時代式之彫刻，或亦爲自孛羅氏舊邸取之者也。當時孛羅氏邸之大小及形狀，則皆無由得知。唯自某繪畫中得略知一千五百年時之狀況如何。該繪畫時人有誤爲阿里八斛杜樓（Albert Dürer）所繪者。圖見於所附孛羅氏遺趾圖第一號內。前世紀時之形狀，與基（Ughi）曾有一精圖詳載之。該圖亦見

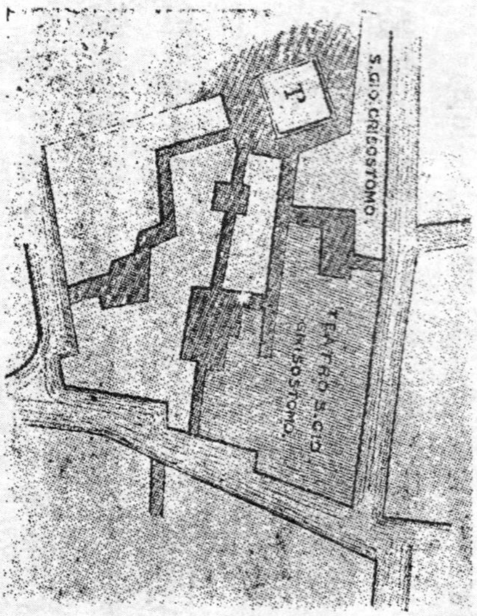

（二）

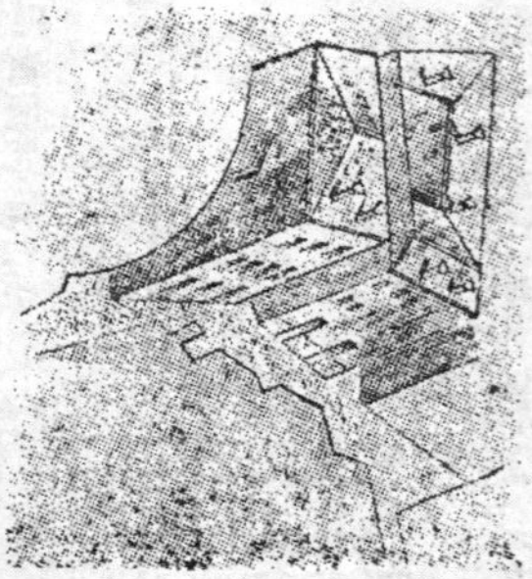

（一）

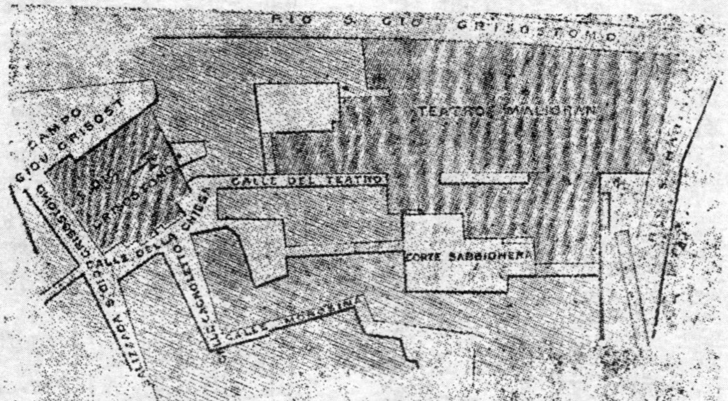

（三）　圖址遺邸故氏羅孛

於所附孛羅氏遺趾圖第二號內。其第三號圖，繪其現今形狀：乃自威尼斯市官廳所繪地圖取出者。

自聖約翰教堂至劇場之道左有房一座，其門之建築，乃文運復興時代（Renaissance）之式也。嘗爲絲業商會之辦公處，其軒檻有鐫文謂爲屯絲處。軒檻之下，與門之上有碑，爲一千八百二十七年時僧正蔡尼（Zenier）所樹者。其文謂馬哥孛羅嘗寓於此也。

第二十四節，附文，新近孛羅氏邸故趾之證明。

孛羅氏邸第所在，攷證確實以後，乃近復有懷疑者。其所以懷疑之故，余則不得而知焉。然最近巴羅栖（Barozzi）在威尼斯市復發明古代公文一紙，關於馬哥孛羅遺命之產業，足以破懷疑派之說者。此公文說明有房產二所，接連馬哥孛羅及弟斯得芬之產，爲其妻多奈他氏（Do nata）於一千三百二十一年六月時，賣給丈夫馬哥（三十七）孛羅者。其內地趾形勢及方向，多未載明，故界限亦頗不明瞭。唯謂多奈他之房產，一邊面河，（想即聖約翰河）他面有廊及梯楷可開至邸第；有小路可通至聖約翰教堂。房有二處，與馬哥及斯得芬奴之房相接。攷其種種情形，適合於今之劇場西部，可無疑也。當時必爲孛羅氏邸第之西面，而其餘三面則爲本宅也。

（註三十七）巴羅粃曰『吾國人（意大利人）古代以至今世，夫婦間訂契約買賣，至爲常事，法律上亦承認之。婦人可將奩妝以外之財產，或其本人所承自先人之產業，賣於其夫也。』

自是以後，馬哥孛羅含光匿影，寂爾無聞者多時。此後一二載，則見其忽爲威尼斯戰艦之司令長官，忽爲戰時俘虜，忽爲著書文人，相續而至矣。

第五章　中世紀時地中海沿岸諸國戰艦考。

第二十五節　中世紀戰艦掉夫之分配法，每兵各執一掉。

馬哥孛羅以後之歷史，可略俟之以後諸章。中世紀時代地中海沿岸諸國之戰艦，時聞於中世紀之歷史，其狀形若何，研究之未始無興味也。

攷證中世紀海軍戰艦之書文，何啻汗牛充棟，而議論皆莫衷一是。有謂之二人排船或三人排船由古代以至十六世紀之中葉，其戰備之完整以及大小之區別，則皆視乎艦之兩邊側門內每排坐上執槳人之多寡以定之也（三十八）。中世紀意大利之戰艦有所謂二人排艦者，則二人坐於一排，各執一槳；三人排艦者，則三人並坐一排，（三十九）各執一槳，五人排艦者，則五人並坐一排，各執一槳也（四十）。

（註三十八）余著此節文時，惜乎未得讀甲爾（Jal）君之大著也。甲爾君之著作見一千八百三十九年巴黎水師舊聞攷內。然其大概余則知之。甲爾君謂掉夫衆寡之問題，僅第二等問題也。與薩奴多（Sanudo）及他專家之說不同焉。

（註三十九）余所以加意於每人各執一槳之說者，因博學家如布昌（Buchon）及加拍曼尼（Capmany）等著歐洲中世紀之史，皆全錯誤，謂多人坐一排，共執一槳也。

（註四十）薩奴多謂古代羅馬之戰艦亦皆三人一排，各執一槳也。

中世紀戰艦上之布置，如上所述，可無疑意。薩奴多嘗詳述之矣。其所述依後代著作家之攷證，及美術家之彫刻繪畫，皆無訛也。薩奴多謂一千二百九十年（元世祖至元廿七年）前往小亞細亞之艦，其內皆二人共坐一排，各執一槳，行駛便捷。後人爭相倣效，不久

而悉變新。於是名之曰三人排船焉。(四十一)

(註四十一)加搭闌(Catalan)貴人蒙他內(Muntaner)極不贊成使用三人排船。蒙君所執理由如下:第三人兼弓弩手之職。執槳發弩皆由一人;精力有限,射擊不精,反使弩手無用。依彼之意,弓弩手宜用專人。一國水師內,僅可有百分之十或二十,爲輕捷三人排船也。蒙君似乎未明言槳亦分三,而弓弩手在外,如薩奴多所述者。薩奴多不用弓弩手之字,而用兵士名目,與今代字義近矣。

一千三百十六年時,威尼斯人試用四人排船,尤爲便捷。江河內可以行駛大船之處,薩奴多甚至則贊成用五人排船。船須備樓,樓上亦有坐位,可坐掉夫三人或四人也。

第二十六節,　十六世紀時艦式革新。

上節所言艦內各槳之布置,與每人各執一槳之法,直遺留至十六世紀初期。至是乃有更新,改用大槳,長短相同,四人或至七人,共執一槳。其形狀與前世紀所見者相同。至是以後,則古式戰艦完全消滅矣。班太拉(Pantero Pantera)氏,一千六百十六年（明神宗萬曆四十四年）時，著有海軍戰術學一書。嘗言聞之戰艦舊掉夫駕駛舊式戰艦，三人並坐各執一槳，較之三人共操一槳捷便多矣。但班氏之意以爲四人共操一槳，較之三人各執一槳又捷便矣。艦之備新式大槳者時人呼之曰斯加羅球萊密（Remi di Scaloccio）舊式布置之艦呼之曰牛奚雷萊密（Remi di Zenzile）其稱呼之何自昉，則不可知矣。

薩奴多所述之四人並排及五人並排之艦，究嘗試之於實用否，則不得而知矣。一千五百二十九年時，肥斯拖（Vettor Fausto）製五人並排之艦，貯於威尼斯兵工廠。當時人人驚訝議論以爲希世之物。蓋必新奇從來未之聞者也。一千五百六十七年時，西班牙王於巴賽羅那（Barcelona）港建大艦，每邊有排位三十六，每排位有七人可並坐，依舊法亦每人各操一槳，及試行乃全不適用也。

据歷史攷之，大棹未用以前各國戰艦之普通布置法，大約大艦則三人並排而坐，小艦則二人並排而坐，皆每人各操一槳也。十六世紀中葉時，威尼斯市之輕便戰艦，其槳之布置法，猶自尾至桅爲雙棹，自桅至首爲單棹也。

第二十七節，十三世紀時戰艦之詳細說明。

前節所言十三世紀末葉之三人並坐及二人並坐之戰艦，其每邊排坐，依薩奴多之推算，大約自二十五至二十八也。又所謂百槳戰艦者，大約爲二人並坐之艦，每邊排坐有二十五座，每人各操一槳也。

各艦內部甚狹，中央僅十五尺半而已。爲欲使各槳可以操運靈敏，戰士可以有行動之地，乃於艦之側面，添加數板，突出水上。板用木架支撐之。中世紀時各艦側面之板，究竟突出若干，則不得而知。十七世紀時之戰艦，其板每面突出約爲船幅九分之二。若十三世紀時之戰艦亦如是，則全艦之寬，當達於二十二尺又四分之一也。

艦面之中央，有高起走道，通貫艦之前後，俾行走時不受槳之牽累焉。

各坐位之布置，約略如圖中所示。

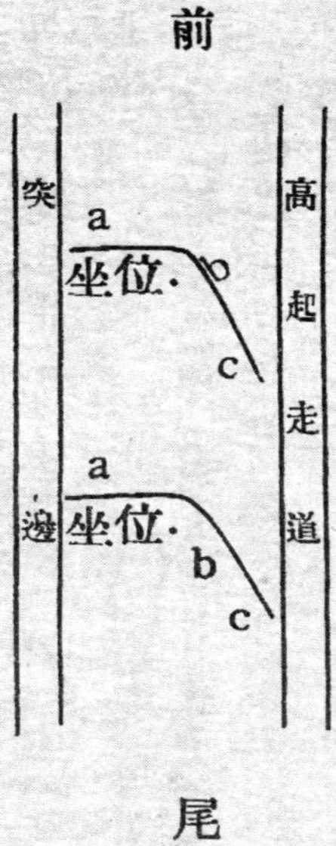

近突邊之坐位，與突面成直立角，此坐位其餘三分之二，則成斜形。a b c三字指示三執槳人所坐之位也。a處爲最短之槳，b處爲次長之槳，c處乃最長之槳也。

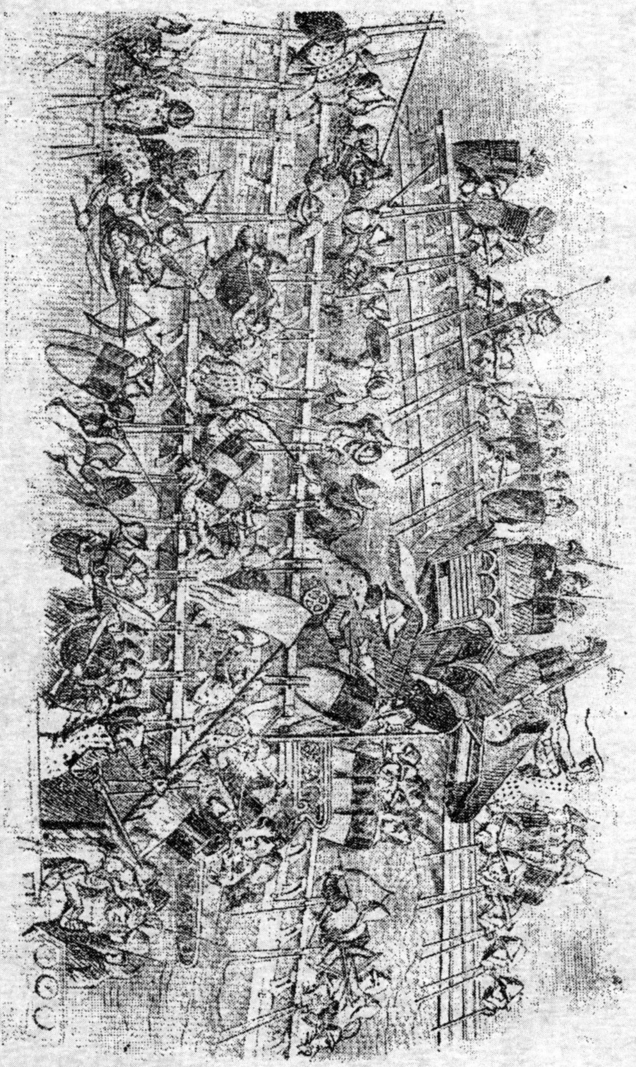

西奈地方壁畫中世紀之艦隊會戰圖

各槳如何運轉之法，以余所知，無一書詳言之者。依西奈(Siena)地方壁畫，其運轉方法與今世地中海之小船無稍異，用環與釘栓而已。(見附圖)丁多萊都(Trntoretto)嘗繪中世紀戰艦，其側面有小門，各槳皆自門內升入海中。然此或爲後代所用者。每排坐之各槳，其運用時，必皆甚相近也。薩奴多謂當彼時，(一千三百年至一千三百二十年)各艦之長短，約爲一百十七尺也。据威尼斯他種丈量法，此數爲各艦龍骨之規定法也。但全槳所佔地方，必不能若是之長。每邊共有排坐二十八座，每座所佔地方，必不能滿四尺也。布置坐位之目的，在使各坐間有餘地，俾使弓弩手等得轉身自由也。由上推測，則艦上側門，各槳所自出者，必極小也。(四十二)

操艦者共分三級，所得之俸亦依之而異焉。操長槳者爲第一級，其餘則皆隸第二級焉。

(註四十二)克松尼先生(Signor Casoni)言十四世紀時，各戰艦上之槳數，無過一百者。鄙人所見則與克君不同。甲爾先生(Jal)亦與克君所見相同，余乃更疑矣。今請得申其理，以表鄙人與克君及甲爾先生所以不同之故焉。(一)薩奴多謂三人排坐之船，掉夫共一百八十人。各書皆未載有替手輪班之事，故艦亦必大約有槳一百八十具也。十八世紀時法國戰艦上，亦無換手輪班之事。行遠無急事時，半數掉夫，可以休息，將槳扯起，餘半則待作倦，而前半乃接手也。若每排坐有掉夫四人，則每小艦內，據薩奴多當時推算，有掉夫二百二十人也。共有排坐五十五座。一面二十八座，他面二十七座。若以三人排坐法計之，當有掉夫一百六十五人也。(二)克松尼嘗引證彼得馬地亞 (Pietro maitire d'anghieria)之出使記以圓其說。出使記載一千五百零三年，西班牙王遣彼得馬地亞往埃及，償一威尼斯大艦，艦有水手二百人，其中有一百五十人，專管操槳及舉帆諸事。艦內槳數亦如是，每人各操一槳，三人並坐一排也。克松尼又謂此艦必大於十四世紀時代者。薩奴多記彼所見之艦，較之克松尼乘艦尤大。水手共有二百五十人，內掉夫一百八十人。其比例與克君之數，大概相同也。彼得馬地亞又記航行時，用槳之時甚鮮，僅輔助帆而已。(三)十八世紀之戰艦，槳大而長約五十尺。五六掉夫共操之。每邊各有排坐二十五座，而每槳運轉餘地，僅四尺六寸而已。故鄙人臆想之中世紀輕便櫓槳，所須地位必更小。與本節所舉諸證亦不難相合也。下方第三十節，哲痕維(Joinville)之筆錄，亦可參觀也。波劉(Beaulieu)謂馬雷半島亞珍國(Achin) 大蘇丹，一千六百二十一年時之戰艦，其內操槳者有七百人至八百人之多，然用何法運轉，余則不得而知矣。

參觀本節所附之圖，戰艦之如何布置，亦可稍知大概矣。此圖乃西奈地方市政廳內壁上，阿萊梯尼（Spinello Arehiti）所繪，用攝影器所攝，未得其全者。此圖繪一千一百七十六年時（宋孝宗淳熙三年）威尼斯人大勝日耳曼皇帝巴巴羅沙（Frederick Barbarosa）（紅鬍帝）之艦隊情形也。日耳曼艦隊統帥卽帝子阿多（Otho）也。然圖中所繪之艦，必十四世紀中葉繪者自己時代之物，殆無疑也。圖內艦邊突出槳夫二人，並坐人各一槳，瞭然可明，蓋二人排坐之艦式也。艦後拉丁式之舵亦甚明瞭。（參觀孛羅遊記本書卷一，第十九章忽里模子城記後，註三雙舵）佛羅倫斯市（Florence）伍肥幾（Uffizi）博物館進門廊壁上，有彼得老萊陀（Pietro Laurato）所繪十四世紀時之艦式圖，幅甚小，然二槳並列，則亦甚明瞭也。克松尼依克那雷（Cristoforo Canale）法嘗彫十六世紀時威尼斯三人排坐之船式一隻，艦中三人並坐及各槳之布配法，皆一目了然。

又下圖乃自丁多萊拖（Domenico Tintoretto）繪，藏於市長宮內之圖取下者。圖亦摸寫戰事，大約與前阿萊梯尼之圖同一事實，唯服式與搆造法，乃屬於後代者也。

艦中突邊，則甚顯明，四槳並列，皆自艦邊側門內入於水焉。

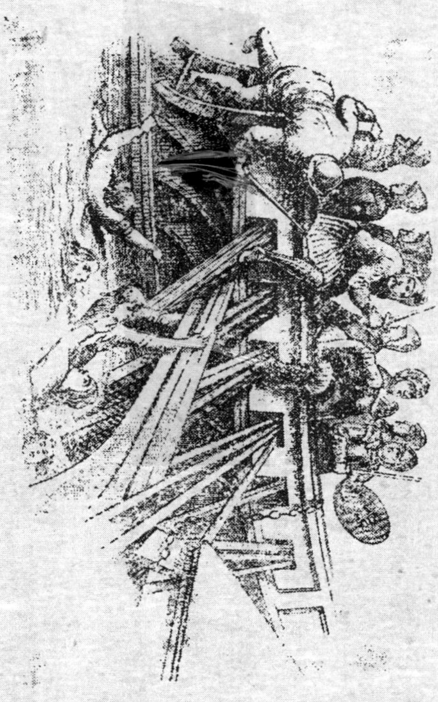

丁多萊拖所繪海戰圖

（註四十三）阿蔡梯尼之著作與繪畫，依瓦薩里（Vassari）之攷證，約自一千三百三十四年起，至十四世紀末葉止，西奈地方有一宗教畫，攷其時為一千三百八十五年，故本書所取之壁畫，大約亦是時之作也。畫中所述戰事，兩人則不知何所指，史上無此事也。

馬哥孛羅遊記導言　一六七

第二十八節　戰備。

艦之中部有台壘高起其寬與艦相同長則約二十尺下可行人排坐皆在其下焉。前部有礮座以備擲石之用。(參觀孛羅遊記本書卷二第七十章註三)又有巨弩及曲形聯動機突邊各排坐之間另有小側門以備射矢箭之用。(四十四)大艦後部有隙地可藏馬匹航行時馬足加釘閉於艦內蓋在水面之下矣。

(註四十四)巨弩及曲形聯動機外克松尼謂尚有機曰西封泥(Sifoni)者用以施放希臘火球(Greekfire)(煩按希臘火[illegible]內含有松脂及他引火諸物備焚燒敵人船艦房屋之用也。)但克君此說恐取自東羅馬皇帝季阿(Leo)之大典也鄙人於後第三十五節附圖內曾亦引用希臘火球然鄙人實不敢信十三世紀時意大利人知施用之也。哲痕維氏記希臘火球猶謂爲希世奇物也。

後代海軍礮座所佔地位與古代相同皆在艦之前部也。

薩奴多記艦上有大樑木空懸如撞車鐵挺附火以備射入敵船焚纜之用。又備瓶甚多滿盛石灰軟皂戰時則射入敵軍作盲目之用也。多利雅(Doria)軍艦於苟坐拉大敗威尼斯軍之役史亦謂曾用石灰大約石灰爲當時戰艦上普通物也。巴拜里尼(Francesco Barberini)記其艦中所備諸物石灰亦其一也。

攻守時，各艦皆用大索相連，甚有將各槳亦相連，以防敵人突破陣線，或登艦之處。基奴亞人於阿雅斯(Ayas)戰役其防守之法嘗如是矣。又蒙太內(Ramon de Muntaner)嘗載加塔蘭人迭次戰爭，皆用此法。豈當時戰術學如是乎？

薩奴多謂艦上操槳甚苦，幾於難堪也。然嘗攷史書，掉夫多自由投軍者，故其工或不至若晚近大櫓之艦之苦也。晚近之艦，操櫓者多奴隸，强迫執此苦役也。中世紀之歷史鄙人嘗詳披閱，未得見有用强役者，唯於蒙太內記那波利(Neapolitan)與加塔蘭兩艦隊之接戰也，謂艦上操槳之人苦如奴隸。一千五百四十九年時，威尼斯艦隊上，始用强迫槳夫，以前則用兵士也。

第二十九節，　艦上兵士，與艦隊之官長。

前節已引薩奴多之說，謂三人排坐之艦，每隻共有人二百五十名。其分配法大約如下，

艦長一人，　　傳令下士二人，

舵手八人，　　廚夫一人，
木匠二人，　　弓弩手五十人，
馬蹄匠二人，　　操槳者一百八十人，
管理軍械及什品者四人，
共二百五十人，

此外尚有司令官一人兼兵及參謀之職，以備艦隊統將之咨詢。威尼斯艦隊內此職則多貴族充之。

艦上職員之薪金每月共須大里耳六十或佛羅林(Florin)六百，等於今代英國金鎊二百八十。每年共須三千一百六十鎊，艦中食品等項及司令官之俸，皆尚未列入也。建製或購買一艦，依薩奴多之算計，亦須一萬五千佛羅林，或七千零十二鎊也。由是觀之，即在是時，戰爭亦甚消耗國帑也。

各艦之職員外，薩奴多又推算六十艘戰船之艦隊職員若干。統帥一人，副提督二

人以外。尚有

統帥參謀處六人，　工程長及木匠長五人，
食物委員四人，　鐵匠長十五人，
軍械委員二人，　矢匠十二人，
內科醫官三人，　甲胄匠人五人，
外科醫官三人，　槳櫓匠十五人，
石彈匠十人，　軍樂隊二十人，
弓弩匠十人，　傳令下士等二十人。

第三十節，　軍樂及他項瑣事。

軍樂隊爲戰艦上一重要戰備。觀於薩奴多之言可知矣。薩氏曰，『戰艦未出戰先，各種外觀，皆必須表示於外。自首至尾滿懸大旛寬旗，邊側則爲短旗。笙笛喇叭，金鼓鐃鉦，同時並響，聲震山谷，用以振舞士氣而駭敵人也』四十五。

（註四十五）裴大陀註一千二百八十三年加塔蘭水師提督羅利亞（Loria）於黎明時進攻那波利王查理（Charles）之艦隊於瑪耳塔港際，所作之事，幾等瘋狂，而氏則自以爲有理之號令也。氏當時自曰，『上帝實不許吾襲擊敵人於深夢之中，故使鼓吹之聲大作，俾使敵人咸醒，有所預備，而吾乃坐而待之。後世之人不得譏吾擒捕敵人於夢中也。』即後世奈爾遜水師提督亦或作此也。

土耳其水師提督西德阿梨（Sidi Ali）一千五百五十三年，與葡萄牙艦隊會戰於忽里模子海峽時，嘗記佛蘭機人船來之際，將船滿懸旆旗，古代戰時之狀況可知矣。

哲痕維嘗作文，盛稱其親戚哲發伯爵（Count of Joffa）統率水師，於埃及聖魯易（St Lewis）港登岸事。其文曰，

『統帥所乘之船，最爲華麗。水之上，與水之下，皆新近油漆，黃金作底，光耀奪目，紋彩鮮紅，照映水裏，反射入目，美妙蓋難於筆述也。艦上操槳之人，共三百名，皆衣冠整飾，黃金袖邊。來近面時，掉夫奮力使船如飛。旆旗飄蕩，嘎嘎有聲。鼓吹並作，金石響振，使人幾疑爲千百激雷來自天上也。』

各艦甚底於風濤大作時，則不能入海。冬際夜間，雖天氣清郎，亦不入海。但薩奴多謂嘗乘艦至福蘭特省（Flanders）斯魯易（Sluys）港矣。（在比利時）於此章未終時，尚有二事，亦須言之者，則戰艦被擒，曳入海港時，皆船尾向前，各旗則下垂及水面也。十三世紀時，夕陽西下之際，各艦皆舉行敬賀禮，或有作樂相慶者。吾作此章既完，乃復敘述當時各國事勢，遊歷家馬哥孛羅所以充戰艦長官之故，及被擒情形也。

第六章，威尼斯與基奴亞二自由市之猜忌，及迭次海戰事蹟。多利雅提督阿得里亞的海之遠征，苟坐拉島之大戰。馬哥孛羅之被擒。

第三十一節，各自由市猜忌日深，及迭次戰爭。

意大利三自由市，威尼斯，基奴亞及皮撒，於中世紀時，互相妬忌，互相仇恨。時而威尼斯與基奴亞惡戰，時而基奴亞與皮撒交兵，感情日惡，仇隙浸深，終十三世紀全期，無一日之和平。考其原由，蓋皆商務上競爭使之也。

一千二百零四年（宋甯宗嘉泰四年）時，威尼斯市於克服君士但丁堡京城之役，有功在希臘（即東羅馬）帝國海岸勢力甚盛。因而驕恣，啟他市之恨焉。東羅馬朝庭中三市之勢力不似前此之互有盈虧，互爲雄長。蓋至是威尼斯一市獨享東羅馬帝之信任矣。威尼斯市復與東羅馬帝訂協約，爲帝國之同盟。帝國版圖內之大部，威尼斯人爲其主人翁。不獨此也，各國有與威尼斯交戰者，其船舶皆禁止停泊帝國港口。基奴亞人於帝國各港內居留地雖仍存在，然較之威尼斯則大巫比小巫矣。威尼斯船隻入港，享有免稅之權，而基奴亞人則不得與焉。在東方各貿易場之嫉忌與仇恨，至是達於極點矣。因各屬地之故，（四十六）其影響乃反及於各母邦矣。

阿扣港（Acre）居留地交界間有老教堂名聖撒巴（St. Sabba）者，兩市皆爭之。加以他事，亦積不相能。因此於一千二百五十五年（宋理宗寶祐三年）在阿扣港開釁戰鬥綿延多年，地方糜爛，生靈塗炭，（四十七）其影響及於叙利亞全境。於此期內，威尼斯多獲勝。基

高踞壇上者爲元世祖跪壇下以手指地圖者爲高麗人趙彝

在左憑高几面坐者爲馬哥孛羅右面坐者皆元主之股肱大臣。

「元世祖征日本之御前會議」

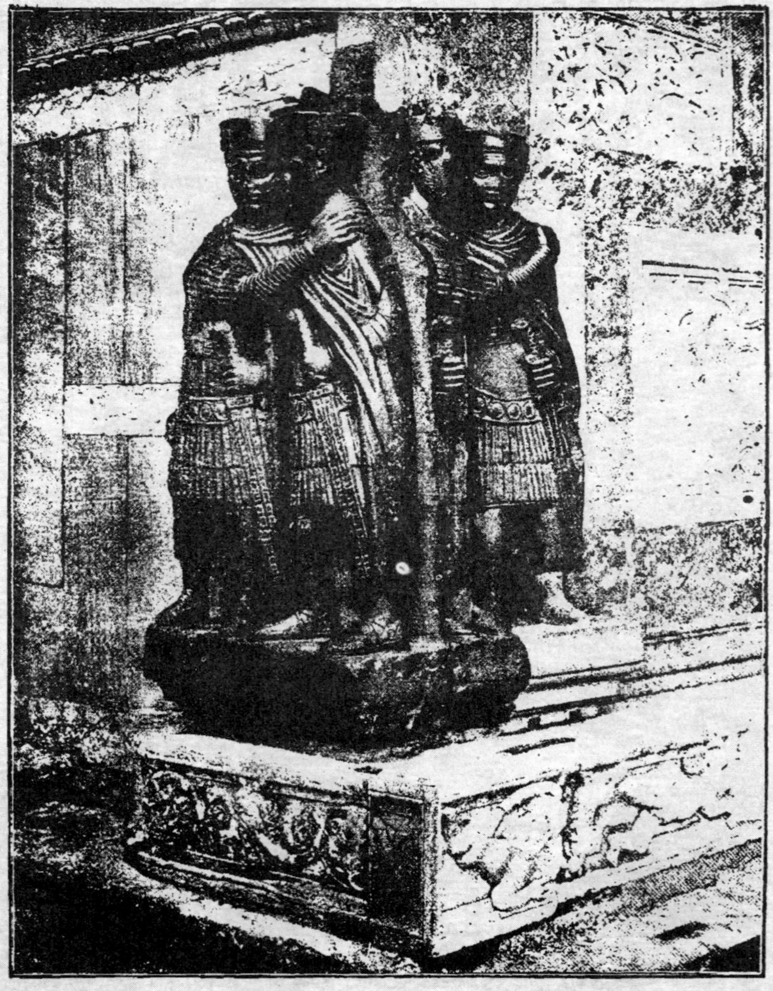

▷塞撒巴地方石像圖◁

奴亞海陸皆敗北。在阿扣港之勢力，完全被驅逐焉。聖撒巴教堂之四大理石像，彫刻精美，爲威尼斯所鹵獲，送至威尼斯本市爲戰利品。至今四石像猶雄峙於公爵宮道旁聖馬克（St Mark）教堂之外角焉。(四十八)

（註四十六）當時威尼斯與基奴亞兩市在阿扣港之居留地，近於今崇佐愛（Monjoie）山旁。

（註四十七）一千二百五十五年全年之中，約有四十具石礮機圍攻阿扣城，日夜不息。機力所能達之境內所有房屋台塔及一切建築悉被破壞，無有孑遺。內有機約十具，可擲大石塊至一千五百磅者。阿扣城內所有樓台礮壘，悉爲所毀，所餘者僅教堂而已。此年內兩方所死之人，達兩萬之數，多半爲基奴亞與西班牙人也。

（註四十八）所言之今代聖馬克教堂前四石像，是否來自阿扣，尚不可必也。

基奴亞雖屢敗挫，然不以此而喪氣。時移勢轉，乃與邁克拍里羅谷（Michael Palaeogus）深相結約，傾覆陵夷式微之拉丁皇帝。威尼斯市亦遂以連帶關係，在博斯福祿斯海峽（Bosphorus）(即君士但丁堡)上之覇權，遂全消滅焉。新皇帝即位，將威尼斯市昔時礮壘，悉數交與基奴亞人毀壞夷平，以洩往代之恨。各彫刻石像，亦送往基奴亞本市，爲戰利品焉。自是以後，兩市之仇益深，商船出航，莫不有戰艦保護，海上船舶相逢，即互施攻擊。其情形大似水師提督德雷克（Drake）時代西班牙與英吉利兩國，戰鬥無甯日也。（四十九）

（註四十九）一千二百六十二年時，威尼斯某艦隊，悉被希臘帝與基奴亞之水師所捕，拍里羅谷帝命將被捕敵人之目，悉數除去，使爲盲焉。

基奴亞人既迭次獲勝，人心振奮，航海以及一切事業，莫不表示精神，才力遠超舊敵之上。一千二百九十一年阿扣港陷落後，所有佛蘭克族人，悉爲擯出於叙利亞，因之往印度商業上之南路，幾盡斷絕。而基奴亞人在黑海上執掌霸權，由特萊必孫德港（Trebizond）及塔那城往印度之商業北道，威尼斯人又不得享用焉。

第三十二節　一千二百九十四年阿雅斯海灣上之激戰。

此間有時亦嘗和議，然宿仇固未稍息也。一千二百九十四年（元世祖至元三十一年），威尼斯艦隊於希臘海面上，捕基奴亞商船三艘。基奴亞艦隊馳往救濟，求賠償。兩市戰端重燃矣。兩軍戰於斯干得龍海灣(Gulf of Scanderoon)阿雅斯港附近地，基奴亞之戰艦甚少，僅敵人三分之一之數耳。然軍士奮勇，遂獲大勝。威尼斯之戰艦及貨物皆被捕。提督馬哥巴西羅 (Marco Basilio) 之什物亦在列焉。其得逃者僅船三艘而已。

此次全勝，出於基奴亞人望外，消息達本市，居民忭喜歡呼，作爲詩歌，以頌武功。歌多譏誚威尼斯人者。謂威尼斯人初航入海灣時，趾高氣揚，以惡言詈基奴亞人，揶揄其自船逃至岸上。高歌曰，『敵逃矣，空野以遺我，致使我無所獲，而又無功勳，別無他物，唯有朽木，足以供我引火而取熱。』又模寫威尼斯人向前進行，目空一世之概，歌曰，『彼等來矣，試詳察其自誤，我幼童奮起，勢如逸獅，怒吼向前復向前。』（散文譯述 譯者誌）詳叙戰績，及獲勝理由，誇捕敵艦二十五隻而焚之之後，詩家於其歌之末尾，戒威尼斯人，須禁止其驕氣，抑絕其村嫗詈人口吻。既續其詞於尾曰，『歷史不能記憶，逸話又未曾聞，蓋有戰史以來，勇士得勝，鹵獲無此之多者。』

基奴亞行政長官，下令將此次戰勝日，作爲紀念日，祠聖日耳曼之靈(St. German)

每年致送金杯一只於靈座前，蓋適於此祭日（五月二十八日）獲勝人盡歸功於先聖之靈，冥冥保佑故也。

戰敗事既聞於威尼斯，全市舉哀，憤怒不可抑過。蓋威尼斯海軍之精華，盡喪於此役也。竭全力重起大兵，以圖報復。教皇班尼肥斯第八世（Boniface VIII）出為調和，請兩市各派大使妥商，然兩造感情之惡，達於沸點。教皇之調和，終歸無效矣。

一千二百九十六年，（元成宗元貞二年）兩市戰禍復興，互有殺傷。貝拉（Pera）（近君士旦丁堡）地方，基奴亞人居留地被焚，阿那拖利亞（Anatolia）基奴亞之大製礬場被毀，克發市（Caffa）被攻破，擄掠一空。而在君士旦丁堡之威尼斯人，悉為基奴亞人所屠戮，其駐該地之長官馬哥本波（Marco Bembo）被執，自屋頂投至地下而殞命焉。各處小衝突外，兩市之嫉恨益深，不可解矣。

第三十三節，浪巴多利亞（Lamba Doria）提督阿得里亞的海之遠征。

一千二百九十八年，（元成宗大德二年）基奴亞人預備大舉，給敵人以重大之攻擊，乃整飭極强之艦隊，以浪巴多利亞（Lamba Doria）董統全師。浪巴多利亞者，烏貝拖（Uberto）元戎之幼弟，門第顯赫，代有偉人。十四年前，浪巴嘗隸其兄之麾下，隨征皮撒（Pisa）市，於梅羅利亞（Meloria）地方大勝皮撒軍，幾沒其全師也。

著阿雅斯港戰功歌之詩人，亦嘗記此役之事，謂多利亞之艦隊，聚集於斯貝西亞海灣。（Gulf of Spezia）此役也，意在探虎穴料虎鬚而致之死也。於梅西那港（Messina）稍停留後，即轉舵直入阿得里亞的海。詩人有歌以紀壯行，以散文譯之曰，『今茲船尾有神，載詔令以行。仇人矜誇而傲慢，縱火使刀，焚燬我田里。請上帝回顧彼之財產。』復仇之決心，概可見矣。艦隊駛入海灣後，颶風忽作，各船多散。多利亞提督與麾下戰艦二十艘，駛入阿爾班尼（Albania）海岸之安梯瓦利港。（Antivari）次日，復有五十八艦來聚焉。提督下令攻大爾梅西亞（Dalmatia）沿岸各城，所有威尼斯人之財產，悉擄掠之，或夷燒之。航至苟坐拉島（Curzola）時，尚有戰艦十六艘，前此因風失路，至是仍未歸大隊也。苟坐拉島當時人多稱之為斯苟坐拉島（Scurzola）其首都即古代之黑可錫拉(Black Corcyra)也。地方富庶，商業繁盛。基奴亞人攻破之，縱火全市驟突。無幾，威尼斯人之艦隊，亦漸現於水平線上，兩軍互近而短兵交接矣。

威尼斯人初聞有基奴亞之艦隊來侵也，使丹多羅統大軍，與馬飛魁利尼(Maffeo Quirini) 之艦隊相合。蓋是時馬飛魁利尼方率各艦，巡閱希臘依阿尼海 (Ionian Sea) 也。更使丹多羅代魁利尼爲總帥。後更知敵人兵力甚厚，最高行政長官復於幾阿吉亞港 (Chioggia) 及大爾梅西亞各港，星夜整飾戰艦三十二艘，馳駛加入丹多羅之軍焉。至是丹多羅之兵力，總歸其節制者，約九十五艘焉。最近發現古代證文，吾人乃知當時威尼斯所招募之軍隊，實甚多。其備補員則多臨時取材於油干尼山 (Euganean) 間之樵夫也。依基奴亞詩家之傳記，則謂當時威尼斯人，雖素驕橫，喜出言無禮，至是亦不得不卑身屈已，徘徊於蘭巴德省 (Lombardy) 各村市，求人募錢焉。詩人又曰，『吾儕嘗有此卑鄙齷齪行爲乎』復續成詩文曰，『我輩戰勝仇人，吾基奴亞人何嘗缺愛國之士，四海之內，有水手如吾者乎？有勇有技，危急時乃有智』

馬哥孛羅當時充某艦之司令官，或直隷於丹多羅之部下，(五十一)亦未可知也。

（註五十）現今荀坐拉島有居民四千人，首都佔其半數焉。當時或爲威尼斯市之附庸也。一千二百四十四年時，匈牙利王宣布放棄太爾梅西亞濱海地之誓言。一千五百七十一年阿爾其利人來侵時，島人奮門得退敵軍，威尼斯議會因賞以肥得立錫瑪（Fedelisima）之稱呼，事績載於各史。

（註五十一）一千二百九十四年七月三十會員議決，以後戰艦歸威尼斯市內富戶製造。依其財產多少而定捐若干焉。孛羅氏亦市中大富，故須獨製一艘，或與二三他戶共製一艘。此議決之案，乃在孛羅氏等未歸自東方之先，阿雅斯大戰後無多時也。出戰時每教區之首領，分其區內之男丁，年自二十至六十者爲一隊。每隊十二人，謂之杜隊。（Duodene）投骰子以決誰先執役，往充役者國家每月給與幣五里耳。本杜隊內其餘十一人亦須每人給以一里耳。故每兵一月得十六里耳。若爲大里耳，則每日所得約爲現今英國銀幣二先令，若爲十里耳，則爲一先令四辨士也。此等戰時公債，皆用强迫征收法，取自市中人民，依其財產多寡，而定征收比例，利息則以後國家擔負償還焉。

第三十四節，　兩軍相遇於荀坐拉島。

九月六日土曜日之午後，基奴亞人眺見威尼斯之艦隊，自天邊水際，漸駛進，唯因夕陽已西下，兩造同意，將宣戰事待之翌日。(五十二)

（註五十二）意大利有數史家，如維聖沙之肥萊拖（Ferreto）邪華基羅（Navagiero）及摩拉拖利，(Muratori)等皆謂九月八日聖母誕日爲兩軍攻戰之日。但基奴亞聖瑪修(St. Matthew)教堂之鐫文，謂爲九月七日。斯台拉(Stella)君及基奴亞之作武功頌歌者，皆謂此日爲不誤。因該詩人於歌中雖未明言月日，然謂該戰實於禮拜日。依歷法推算，一千二百九十八年九月七日乃星期日也。

基奴亞之艦隊，似在荀坐拉島東面，背爲薩邊賽羅半島(Peninsula of sabbioncello)梅拉打島(Meleda)在其左手，而威尼斯人則沿荀坐拉島南岸進攻也。(參觀下方荀坐拉島戰圖)

威尼斯之歷史，則謂當時，基奴亞人望見威尼斯之戰艦，蔽海而來，逡巡退却，數次遣使協商投降條件，至末則願將船艦及軍械悉數交出，唯須水兵得自由歸家而已。然嘗細攷之，此說寔不可信，而基奴亞之歌頌，乃約可信為無誤也。多利雅於夕時召集臨時各艦長官議會，公決死戰，取攻勢。威尼斯人依其本邦之歷史，及其敵人之歷史攷證之，當時兵衆，艦多皆優駕敵人，故頗懷驕心，於夜間遣探船巡查，毋使敵人逃遁，蓋心中已視敵艦，盡為掌中物矣。詩人頌曰：『敵人盲而驕泰，夢以我軍遠涉重洋，疲倦無力，夢疑我軍，欲避戰而逃，實則我來探虎穴而捕猛虎。』

第三十五節，　威尼斯軍大敗，及馬哥孛羅被擒。

戰爭起始於星期日之黎明，接續至午後，斜陽西射時，威尼斯軍得順風，然朝日光線，反射入目，致迷離失的，亦甚不便也。威尼斯艦進攻甚猛，捕獲基奴亞艦十艘。然攻勢太猛，致本軍之船，有數艘擱淺，陷入泥淖中者，又有一艘，為基奴亞人所捕，敵將艦中兵士，驅逐完盡，使用其船，反攻威尼斯軍。因此數事，致威尼斯軍中稍亂，基奴亞人

受書堂叢書第一種　一八四

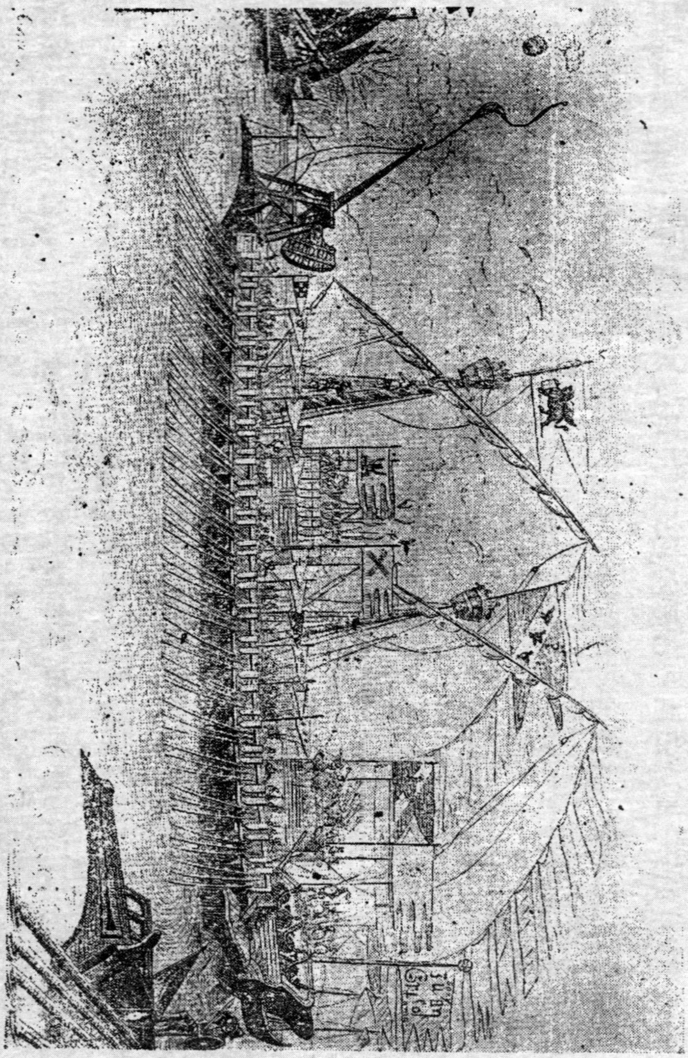

馬哥孛羅所率戰艦圖

初戰時頗失利，至是乘其亂也，重鼓勇氣。各艦聚近，成直行衝入威尼斯陣線內，大戰。待至夕陽西下時，多利亞前此因風失散之十五六艘戰艦，忽至。對於威尼斯軍猛施攻擊。不能支，遂大敗焉。(五十三)基奴亞人得全勝，威尼斯軍艦幾悉被擄，丹多羅統帥之旗艦，亦與其列。其得遁免者，數艦而已。基奴亞軍亦損失甚重，尤以初戰時爲最。浿巴多利雅之長子奧克大維（Octavian）在父艦殞命焉。所擄俘虜共七千餘人，馬哥孛羅亦其中之一也。(五十四)

（註五十三）摩拉拖利（Muratori）之古史一節，記此戰事錄之如下：「基奴亞人乃人類中最貪惏者。貪慾好得之心熾，故犯科作奸，無惡不爲，然世界戰陣勇果，亦推基奴亞人焉。基奴亞統帥浿巴多利雅即此市人之代表也。多利雅乃貴族門第，顯赫數代，名將皆以勇決稱於當世。尙坐拉島之役，與威尼斯軍大戰也，父子同舟。父立於艦尾高台督戰，子立艦首猛攻，流矢中腹殞命，同伴悲悼，全隊震懼。而浿巴作戰之志甚決，忠於國事之心，較勝於愛子之私。奔往舟前，痛責衆兵之紛擾，命將其子之屍，投入九淵以餉魚，顧謂衆曰，「爲汝等之幸福計，基奴亞祖國，難爲吾子覓相當墓地，如此海底者矣」言訖，指揮如初，督戰益急，遂大勝焉。』

（註五十四）此戰之詳細說略，乃取自摩拉（Murat）所著歷史。

所有俘虜，雖至高級之士官亦加係縲焉。統帥丹多羅羞憤不食。恐被俘送至基奴亞也，乃以首觸椅而死焉。基奴亞歷史則謂全師凱旋，回基奴亞後，擇十月十六日之夕，爲丹多羅葬期，加敬禮焉。師之回也，全市歡呼迎接，公決自是以後，每年九月八日聖母祭日，行贈金杯於聖母靈前之禮，蓋於是日之夕大勝敵人也。多利雅提督，則公議爲之營邸宅焉。此邸至今依然屹立聖瑪修教堂前，（五十五）唯主人則已數更矣。至今教堂及邸第正面，猶有花文大理石，上鐫當代頌功之文，毫無侵蝕破壞也。埃及之馬買劉克朝蘇丹馬力克阿爾曼蘇爾（Malik al Mansúr）素與威尼斯有隙，聞其被敗也，親繕書致多利雅，道賀并饋獻寶物焉。

（註五十五）聖瑪修教堂，乃一千一百二十五年時，馬丁多利雅所建築者。一千二百七十八年時，其族復拆而重修焉。當時工程師頗爲敏捷，教堂內之壇上有耶穌聖像，古而佳妙，毀壞可惜。工程師乃心設策，將壇及聖像，共搬移二十五愛兒（ells）（丈量名）之遠，即今壇所在之處，無絲毫破損也。

淚巴多利雅一千三百二十三年十月十七日卒於薩瓦那（Savona）。距其所謂最尊貴之俘擄丹多羅死期僅數月耳。骸骨葬於聖瑪修教堂內進門之右手。至今吾人猶見其棺在窗台下也。棺上有淚巴之半身像。一千七百九十七年時，（前清嘉慶二年）其奴亞之暴民，效當時法蘭西革命激烈分子之所爲，破壞古蹟，亦將多利雅之像，扯下而毀壞焉。多利雅共有六子。梅羅利亞之役，皆從父投軍，以勇略著。一千二百九十一年，六子中有名泰地梭（Tediso）者，從維瓦爾地（Ugolino Vivaldi）君，航行大西洋，探新地，終不返焉。他子皆絕後，唯少子凱撒（Caesar）之子孫，至今猶繁衍，取淚巴多利雅之名以爲姓焉。

至於俘擄之待遇如何，則兩方所言各殊，蓋亦常事也。其奴亞之作歌頌功者，則謂其國人見威尼斯人悲愁之況，惻然憐之，故皆得極佳待遇，禮貌有加，無輕蔑之者；而威尼斯市之那華其羅（Navagiero）則謂被俘之威尼斯人，多被餓死焉。（五十六）

（註五十六）吾友其奴亞亨利吉格料理教授，（Prof Henry Giglioli）嘗告余，謂馬哥孛羅所居之獄，至今尚有些微模糊影響之說，可依以考證者。有謂其獄建築宏大，位於格拉棲(Grazie)及摩耳(Mole)兩大廈之間，名爲馬拉拍加(Malapaga)。晚近該處，尚爲刑事犯人所居之地。今改爲擲加尼利(Doganieri)軍隊之營寨焉。吉格料理君曰，當時高級之戰時俘虜，名拘留於此，可無疑也。此外俘虜名冊中，尚有哥錫加島(Corsica)之羅克君，(Rocca)及西那克(Cinarca)守官。該守官卒於一千三百十二年。時也其時期距馬哥孛羅坐獄時，不甚遙遠。關係雖甚微，然或亦有理也。又有甚奴亞某君，而謂馬哥孛羅拘留地，近今之老兵工廠地址不遠焉。

(亨利玫狄補註)鄙意則以今甚奴亞海關辦事處古代名艦長博破羅(Popolo)之宮者，實爲馬哥孛羅拘留之所也。是否有當，尚祈大雅君子，一改正之。

第三十六節，馬哥孛羅在獄中口述遊記於皮撒市羅斯梯謝奴使筆記之成書。威尼斯俘虜之釋放。

俘虜待遇如何，姑不必論。然馬哥孛羅亦數千俘虜中之一人，則似乎頗得優待也。在獄中不久，與同獄者皮撒市羅斯梯謝奴深相契睦。羅氏乃文人，有嗜古僻。得聞馬哥所述遠方異域之事，乃勸其速著一書，以傳其事。馬哥孛羅當時是否依有筆記，或僅憑腦中記憶而講演，則不得知，然羅斯梯謝奴爲遊歷家當時著書之筆記者，則無疑也。羅君因記錄此書，亦得享盛名，使後世得知有當時之事，功亦實深；而馬哥孛羅坐獄時間，亦因此爲全身要鍵。喪失一時行動自由之權，固苦，而藉此得以流芳百世，大名永傳後代，將與名川大山同不朽矣。誠所謂塞翁失馬，安知非福也。

羅斯梯謝奴之傳記，將於下章詳言之也。孛羅氏坐獄時間，究如何之久，是亦不可不知也。

是時教皇班尼肥斯曾爲兩市調和與否，史無詳文，然可料其未爲此也。故意大利他市之主，出爲斡旋焉。維斯康梯（Matteo Visconti）者，米蘭市（Milan）之元戎，自稱駐蘭巴德省神聖羅馬帝國總牧師，與米蘭市政府共願爲調人，兩造承認之，各遣大使至米蘭協議。一千二百九十九年五月二十五日，和議條約成，兩市皆簽押，無諱言焉。

和約中條件，於威尼斯之榮譽無些微損失。兩市互讓，爲平等之條件。沿海威尼斯各城之騷突，正所以去其驕氣，而非挫其威權也。基奴亞雖大獲勝，然自後對於威尼斯之商務，並無何等排擊之政策也。和約中又有某條件，關於釋放俘虜者，謂各種儀節手續完後，由維斯康梯指定日期，兩市各將所捕俘虜釋放。史中於此日期，并未詳載，唯和約實於七月一號得威尼斯市長之正式簽字。各種最後儀節，似於七月十八日結束者，(五十七)故馬哥孛羅於該年八月杪，復得歸回聖約翰教區本宅，大可信也。

(註五十七)兩市此次議和條約，後刊印於基奴亞久羅毋圖書室。(Liber Jurium) 吐林市 (Turin) 所刊之歷史大成中亦嘗載之。摩拉拖利於其所著歷史中，亦据約翰維拉尼 (John Villani) 之說，謂和約中各條件，皆甚不利於威尼斯。然此說實無根之談也。那華基羅 (Navagiero) 於其書中亦詳言此次和約，皆甚確也。

第三十七節，馬哥孛羅於苟坐拉戰役被擒說之根据。

馬哥孛羅坐獄時期，實爲其一生傳記中之一大關鍵，故於他章開端之先，尚有數語，必須言者。讀史者，自昔卽多懷疑派。對於苟坐拉海戰之役，馬哥孛羅被擒事，尚多問難，謂果根据何事，而得知吾等之大遊歷家，有此不幸事耶，問難無謂，然亦不無研究之價值也。

法國某學者，名頗著於當世，其說於下章中引用甚多。關於孛羅及羅斯梯謝奴交識之事，有言曰，『一千二百九十八年，羅君拘留於基奴亞大獄時，與馬哥孛羅深相契睠。蓋孛羅不知因何原由，自由權亦被基奴亞人所剝奪，而同拘於是獄也。』某學者（五十八）下語判决之謹愼，亦概可知矣。

（註五十八）法國某學者，乃保林巴利君（Paulin Paris）也。

自昔文人著傳記歷史，於眞實事外，好修飾文彩，虛張矜誇，或据風影之說，而傳以爲眞。此乃通病，不爲愛眞理，喜誠實者所歡迎，亦固其所也。保林巴利君之判語謹愼，誠爲研究眞確學問者之儀範，理所當爲者。遊歷家馬哥孛羅荷坐拉之役被擒，在當時誠無記載可依，然其事之確實，据鄙意判决，則毫無可疑也。

賴麥錫所著馬哥孛羅傳，訛誤甚多，人盡知之。其中如謂自荷坐拉戰役至馬哥孛羅之釋放歸里時期甚爲長久一節，賴氏若稍加研究，則亦斷不至謬誤若此之甚者也。然其大概事實，於苟坐拉之戰役，馬哥孛羅充戰艦之司令長官，及被擒事，雖非根據政府公牘及官史，然來自眞確之往代遺傳，可斷然也。

試翻閱羅斯梯謝奴之遊記本書序言末句，而審其意，爲羅氏曰『馬哥孛羅君後入基奴亞大獄，求同獄者皮撒市羅斯梯謝奴君將其遊記筆錄之，此爲耶穌降生一千二百九十八年時也。』此數語足以證明孛羅氏在苟坐拉之役被擒也，因此數語指出馬哥孛羅當時所在之地及其時期也。

復有一事，雖非直接，然亦足以證實馬哥君實於苟坐拉之役被擒也。(五十九)

阿起（Acqui）地方之多密尼根聖會僧正雅各波（Jacopo），馬哥孛羅同時人也。嘗著一史傳，曰依馬各蒙地（Imago Mundi）者，不甚得當時人之知曉，然亦載有馬哥孛羅爲基奴亞人所擒之事，唯非於苟坐拉島之役，而於他戰役也。(六十)攷其時期，則馬哥孛羅尚未歸自東方，決不能與此役有關也。安姆栢羅西亞（Ambrosian）圖書

館，有古代抄寫書一本，巴爾德利波尼（Baldelli Boni）嘗錄其中之一節如左

『基督降生一千二百九十六年，（元成宗元貞二年）教皇班尼肥斯第六世在位時，基奴亞商隊戰艦十五艘，遇威尼斯商隊戰艦二十五艘於拉耶斯洋面之阿米尼亞（armi-nia）地方大戰後，威尼斯軍敗績，兵士多死，或被執，俘虜中有馬哥孛羅者，亦與其列焉。馬哥渾號密羅奴（Milono）威尼斯語百萬鎊也。馬哥密羅奴與他威尼斯俘虜，悉送至基奴亞大獄，拘留甚久。爲馬哥密羅奴嘗與其父及叔居韃靼多年，聞見頗廣，富有資財，心甚巧敏，學術宏博，在獄間將其所見世間奇異，著爲一書，其中荒誕不經之事甚多，蓋非彼親見，乃据之造謠說謊者之口傳。此輩散布流言，以欺他人，而其心中則自亦不解不信也。孛羅氏乃亦輕率据之，以筆於書。其難取信於當代之博雅君子，亦宜矣。故於其將死時，友朋親臨床側，乞其將書中不合事理之事，難於取信者刪除之，而馬哥孛羅則執迷不改。謂其友曰，『書中所記，尚不及吾所親見者一半之數也。』

（註五十九）阿起僧正雅各波生於何時，卒於何時，皆無得攷，唯彼爲蘭巴德省之世家，姓白林格利（Bellingeri）於一千二百八十九年，一千三百二十年及一千三百三十四年等皆見其名書於丹史而已。（見杜林市所刊歷史大成，關於雅各波所著史傳之序言）。

（註六十）杜林市存依馬各豪地史內，其中有一章，曾刊入歷史大成。關於孛羅氏一節，甚短，又無年日。所載與他書大相逕庭，如言馬哥孛羅被擒，乃於拉格拉徵（La Glaza）之役。依鄙意推之，著書人之意必指阿雅斯無疑。該地有時亦稱嘉策（Giazza）。法國地理學會所刊書中，嘗有三稿本稱阿雅斯爲格拉策者。

巴爾德利波尼所錄關於馬哥孛羅在阿雅斯戰役被擒之說，甚不可信，蓋馬哥孛羅經波斯脫萊必遜德，（Trebizond）博斯破魯斯海峽等地歸里，至一千二百九十五年（元成宗元貞元年）始抵威尼斯。阿雅斯洋面海戰，前已詳言其時爲一千二百九十四年（元世祖至元三十一年）五月也。上方所引一節，謂爲一千二百九十六年，因而引起無謂爭辨。若此節所言時期而可信，則遊歷家本人當時之境遇，使入基奴亞大獄之說，亦可信也。苟如是，則孛羅氏歸自東方後，數月即入獄。坐獄時期，幾於三年。與賴麥錫所著之傳記，亦大致相合，苟坐拉島之役，又不可信矣。離奇錯誤，益不可解也。阿雅斯海戰年日之無可疑，亦猶之拿破崙時代尼羅河之戰，其年日詳載，不必懷疑也。阿雅斯之役，有數史家詳載其事，上方所引基奴亞之頌功歌，亦曾言之。以後詳披本書，將益覺昔人用羅馬數目字之易致訛誤也。此方之一千二百九十六年（MCCLXXXXVI）必爲一千二百九十四年[六十一]（MCCLXXXXIV）之誤，教皇班尼肥斯第六世（VI）必爲第八世（VIII）之誤，可無疑也。

（註六十一）亞美尼亞王海敦嘗誤以爲此戰在一千二百九十三年。（見藍老氏Langlois所著基奴亞與小亞美尼亞交涉實錄 mém sur les Relations de Gênes, avec la Petite-Arménie）

上方所引一節，言孛羅氏於一千二百九十四年春在阿雅斯被擒事，雖不可据爲信史，然可用以證明孛羅氏被擒，實因某役與基奴亞人有海上戰爭之故。著自同代之人間接與賴麥錫所用之逸話，於一千二百九十八年苟坐拉之役被擒者相吻合。吾等所得他種事實，亦因此迎刃而解，無困難矣。